A Sociologia e as Ciências Sociais

Émile Durkheim, sociólogo francês, nasceu em 15 de abril de 1858, em Epinal, e morreu em 15 de novembro de 1917, em Paris. É considerado o fundador da sociologia ou, pelo menos, de uma corrente de estudos sobre a natureza do fato social e as leis da evolução da sociedade. É autor de diversas obras, entre elas *O suicídio*, *Da divisão do trabalho social*, *Lições de sociologia* e *Sociologia e filosofia*, todas publicadas por esta editora.

Émile Durkheim

A Sociologia e as Ciências Sociais

Tradução
CLAUDIA BERLINER

wmf **martinsfontes**

Título original: Sociologie et sciences sociales.
Copyright © 2021, Editora WMF Martins Fontes Ltda.,
São Paulo, para a presente edição.

1ª edição 2021

Tradução
CLAUDIA BERLINER

Revisão da tradução
Marcia Consolim
Acompanhamento editorial
Luzia Aparecida dos Santos
Preparação do original
Maria Fernanda Alvares
Revisões
Ana Paula Luccisano
Helena Guimarães Bittencourt
Edição de arte
Katia Harumi Terasaka
Produção gráfica
Geraldo Alves
Paginação
Studio 3 Desenvolvimento Editorial
Capa
Katia Harumi Terasaka

Dados Internacionais de Catalogação na Publicação (CIP)
(Câmara Brasileira do Livro, SP, Brasil)

Durkheim, Émile, 1858-1917.
A sociologia e as ciências sociais / Émile Durkheim ; tradução Claudia Berliner. – São Paulo : Editora WMF Martins Fontes, 2020.

Título original: Sociologie et sciences sociales.
ISBN 978-85-7827-924-0

1. Ciências sociais - Metodologia 2. Sociologia I. Título.

20-33887   CDD-301

Índices para catálogo sistemático:
1. Sociologia 301

Cibele Maria Dias – Bibliotecária – CRB-8/9427

Todos os direitos desta edição reservados à
Editora WMF Martins Fontes Ltda.
Rua Prof. Laerte Ramos de Carvalho, 133 01325.030 São Paulo SP Brasil
Tel. (11) 3293.8150 e-mail: info@wmfmartinsfontes.com.br
http://www.wmfmartinsfontes.com.br

ÍNDICE

Apresentação da edição brasileira.......................... VII

1. A sociologia e seu campo científico.............. 1
2. [Uma definição da sociedade]....................... 37
3. Sociologia e ciências sociais 39
4. [Debate sobre a economia política e as ciências sociais]... 99
5. [Origem da ideia de direito].......................... 111
6. [Etnografia e sociologia] 131
7. [Etnologia jurídica e método sociológico].... 135
8. [Pedagogia e sociologia] 139

Índice de autores.. 145
Índice de temas, conceitos, lugares geográficos, etnias e instituições 147

APRESENTAÇÃO DA EDIÇÃO BRASILEIRA

O livro que o leitor tem em mãos é um excerto do primeiro volume dos *Textes*, uma coletânea de vários textos de Émile Durkheim organizada por Victor Karady e publicada na França em 1975. Segundo seu organizador, os três volumes que compõem os *Textes* – intitulados "Elementos de uma Teoria Social"; "Religião, Moral e Anomia" e "Funções Sociais e Instituições" – abrigam escritos afins em termos de foco de pesquisa ou orientação teórica com o objetivo de assegurar certa homogeneidade aos volumes, capítulos e seções. Karady chama a atenção para o fato de que tais textos, dispersos ou de circunstância, foram considerados pouco nobres e frequentemente relegados a um segundo plano em relação às principais obras de Durkheim. Contudo, sua publicação permitiria realçar a "figura do pesquisador" em detrimento da imagem caricatural do "profeta e filósofo teórico" que os críticos de direita e de esquerda pretenderam imputar-lhe.

Neste volume aparece, de fato, uma preocupação central a Durkheim, qual seja a de formular as bases de uma sociologia que não pode progredir sem o desenvolvimento das ciências sociais específicas ou particulares – a economia política, a história das religiões, da moral e do direito etc. –, uma vez que tais ciências seriam "ramos de uma ciência única a que se dá o nome de sociologia". Ao longo de toda a obra pode-se observar as reiteradas tentativas do autor em distinguir tal concepção de sociologia das que se demarcavam totalmente das ciências sociais específicas e que ele denominava sociologias "abstratas" ou "filosóficas". Se, como ele afirma, a sociologia nada mais é do que o sistema das ciências sociais particulares, pode-se dizer que o autor está absolutamente comprometido com o estudo de realidades sociais concretas, o método indutivo e a especialização disciplinar. Isso significa que o conteúdo específico dos diversos tipos de fenômenos sociais – econômico, religioso, moral, jurídico etc. – não pode ser excluído da investigação porque faz parte do próprio conhecimento sociológico. É sobre eles que se debruçam as ciências sociais particulares que são necessariamente sociológicas à medida que estudam fenômenos *coletivos* e *impessoais*.

Mas por que razões Durkheim haveria de acusar de "filosóficas" ou "abstratas" as sociologias concorrentes e, principalmente, as ciências sociais particulares, uma vez que apoiava a especialização disciplinar no âmbito dos estudos sociais? Pode-se encontrar a resposta para tal questão na presente obra, uma vez que o espírito crítico que a perpassa exprime o ambiente de debates e as disputas pela definição legítima da sociologia e sua relação com as ciências sociais. O projeto sociológico durkheimiano, aparentemente sem solução de continuidade em relação às disciplinas sociais já existentes, contrariou muitos interesses e gerou toda sorte de represália.

Caberia à sociologia, segundo Durkheim, formular uma *síntese* dos resultados produzidos pelas ciências sociais específicas. Ora, para que tal síntese fosse possível seria imperativo que todas essas especialidades operassem segundo as regras do método sociológico, regras que iam de encontro aos padrões estabelecidos pela tradição intelectual da época e por meio das quais a sociologia durkheimiana ambicionava subverter e, mais do que isso, orientar o campo dos estudos sociais. Pois tais regras propunham não apenas uma nova agenda de pesquisa, mas também novas formas de organização do trabalho intelectual e de representação de sua função social. Ou seja, Durkheim não esperava de maneira passiva os resultados das pesquisas especializadas para desenvolver sua própria "sociologia" com o que havia nelas de mais geral; a sociologia como ele a concebia não era, como ele repete em várias ocasiões, simplesmente uma nova etiqueta para abrigar disciplinas antigas e métodos estabelecidos. Tais regras visavam subtrair a cultura literária que impregnava as ciências sociais e transformar a sociologia numa ciência. Pode-se destacar, entre elas, a análise comparativa, ou seja, o cotejo entre os diversos tipos de fatos sociais e entre eles e a sociedade mais ampla a fim de encontrar explicações causais e a função social dos diversos tipos de instituições – morais, jurídicas, religiosas, econômicas. Ao frisar a importância das relações sociais na explicação dos diversos tipos de fatos sociais, Durkheim também elege como foco primordial dos estudos sociais as *instituições*, definidas como "ações que independem de escolhas individuais e que são propostas ou impostas de fora aos indivíduos". Assim, ele atribuía à sociologia uma tarefa muito mais ampla do que pode parecer à primeira vista, pois a ela caberia orientar os estudos sociais no sentido de sua necessária colaboração científica e identidade de propósito.

Ora, tal propósito era extremamente controverso, uma vez que boa parte dos estudos sociais se baseava então em fundamentos psicológicos, em noções formais ou no método dedutivo. O que significa que, para avançar, a sociologia durkheimiana precisava fazer a crítica dos fundamentos e dos métodos das antigas disciplinas sociais. Em geral, os economistas e os historiadores adotavam procedimentos impressionistas que revelavam sua fonte numa cultura literária ou filosofia humanista, mas não propriamente histórica e científica. Tais estudos não haviam sido afetados, como aponta Durkheim, pelo florescimento do espírito positivo que se disseminara ao longo do século XIX. Tanto a história erudita quanto a economia política, apesar de suas diferenças, comungavam do mesmo pressuposto de que a causa imediata/empírica ou remota/universal dos fenômenos sociais estaria ligada à natureza ou ao comportamento do indivíduo e, portanto, *não seria produto de nenhum tipo específico de organização social*. No caso da historiografia voltada ao estudo comparado das religiões, atribuía-se um papel proeminente à consciência, às ações ou à vontade de indivíduos universalmente concebidos em detrimento do estudo de grupos circunscritos por instituições sociais. A economia política, por sua vez, embora aceitasse a existência de "leis", como Durkheim, baseava suas principais proposições no suposto de um indivíduo portador de uma psicologia universal e unidimensional cujas ações visavam o interesse próprio. Baseando suas leis de mercado em entidades naturais e imutáveis, e não em instituições históricas e culturais, tal disciplina descartava as relações sociais específicas a cada tipo de sociedade como algo meramente circunstancial. No campo da moral e da filosofia do direito, o utilitarismo e o apriorismo comungavam uma moral centrada na ideia de indivíduo ou faziam a apologia da personalidade individual, o que significa que também estudavam a ideia do direito "em abstrato", separando-a das condições sociais que determinam sua formação e seu desenvolvimento.

Mas as críticas mais contundentes aos estudos sociais da época – que geraram réplicas ou debates acalorados – foram dirigidas às concepções de sociologia concorrentes cujos praticantes disputavam com Durkheim prestígio e espaço institucional. Muitas das teorias sociológicas nascentes pretendiam tratar de objetos e de conteúdos totalmente distintos das formulações das ciências sociais particulares. Desse modo, reduziam a diversidade e a complexidade dos problemas sociológicos, tarefa dos estudos especializados, a um simples ou mesmo único problema – por exemplo, o da evolução – para cuja solução bastaria descobrir uma única lei, uma espécie de "pedra filosofal", que determinaria todo o curso do desenvolvimento histórico. F. H. Giddings, por exemplo, possuía uma "concepção de relação social a mais abstrata e simples de todas"; George Simmel fazia uma sociologia "meditativa" ou "filosófica", e seu método era uma "fantasia individual". Tais autores haviam separado artificialmente os grupos sociais do conteúdo da associação, o geral do particular, tratando apenas de formas sociais genéricas e, assim, excluindo da sociologia o saber produzido pelas ciências sociais particulares. Na França, o principal alvo do combate durkheimiano contra a "sociologia filosofante" foi Gabriel Tarde, que concebia a sociedade como um conjunto de indivíduos e subordinava a sociologia à psicologia. Para Durkheim seria inadmissível que a psicologia orientasse as ciências sociais, uma vez que "as prerrogativas da consciência individual são simples demais, gerais demais, indeterminadas demais" para poderem explicar as particularidades das práticas sociais, a variedade de suas formas e a complexidade de suas características.

Pode-se, então, imaginar o descontentamento gerado entre os praticantes das antigas e novas ciências sociais, uma vez que o propósito de Durkheim atingia os fundamentos, os procedimentos e a autonomia das disciplinas já estabelecidas, bem como das que ainda buscavam um lugar ao sol. Para isso contribuiu, além das críticas de Durkheim, algumas de suas formulações mais conhecidas, tal como a afirmação da realidade da *sociedade*, ou seja, de uma entidade coletiva *sui generis* existente independentemente das consciências individuais. Para a maioria dos críticos de Durkheim, era difícil aceitar outra realidade que não a de indivíduos vivendo em coletividade; como afirmou Tarde, para além de indivíduos e de interações entre eles nada mais existe a não ser "entidades metafísicas". Sob essa ótica a sociologia de Durkheim aparecia, contra tudo o que defendera, como uma "pura ontologia".

Em síntese, o esforço de Durkheim era combater, por um lado, as concepções que simplesmente diluíam o conceito de sociologia nas diversas disciplinas sociais existentes e, por outro lado, as que possuíam uma noção de sociologia "abstrata" e independente das ciências sociais particulares. Ora, essa questão nada mais é do que a discussão sobre a divisão do trabalho social aplicada ao campo dos estudos sociais. Uma discussão que ultrapassou as fronteiras dos estudos sociais e, de certo modo, abarcou todo o campo cultural francês do fim do século XIX. Não se tratava, pois, de uma questão meramente teórica, uma vez que estava em jogo a representação da figura do intelectual e, mais do que isso, a relação das elites intelectuais com as demais elites da Terceira República francesa.

Se, entre os republicanos mais progressistas, havia forte ímpeto em institucionalizar a sociologia na universidade dentro de um espírito "positivo", não havia consenso em relação ao programa mais adequado para cumprir tal propósito. De todo modo, ser considerado um "metafísico" era algo que distanciava um autor desse projeto. Por outro lado, a República Solidarista também não via com bons olhos o movimento literário em torno do "culto à personalidade" e a doutrina moral "utilitarista", pois reconhecia aí o germe do egoísmo e da ausência de vínculo social. Ora, Durkheim procurou sugerir que o intelectual *generalista* – leia-se, aquele que põe em prática uma sociologia "geral" ou "abstrata" – encarnava até certo ponto tal personagem egoísta. Sua formação generalista, erudita ou literária, não apenas impediria o progresso da especialização e, portanto, da ciência, mas também reforçaria a figura do escritor solitário que, isoladamente, cria um sistema de ideias à parte da organização social em que vive. Eis o motivo pelo qual essas sociologias seriam estéreis, não gerariam discípulos nem fundariam escolas.

A questão foi tão importante que a controvérsia foi muito além da discussão sobre a sociologia para se tornar um debate sobre a função social da ciência e da especialização nas sociedades modernas. Os intelectuais de veio literário, impregnados por uma cultura generalista, tenderam a defender que os cientistas é que eram os "egoístas" na medida em que, voltando-se a uma especialidade, perdiam a capacidade de pensar sobre temas gerais relativos ao interesse da sociedade. Já os intelectuais de veio científico, como é o caso de Durkheim, replicavam que a divisão do trabalho seria, ao contrário, fonte de solidariedade social, e, portanto, a especialização seria um dever moral. A especialização não eliminaria os sentimentos comuns, uma vez que o respeito pela dignidade humana também se fortalecia nas sociedades modernas. O "diletante" e o portador de uma cultura exclusivamente geral, ao se recusarem a ingressar na organização profissional é que seriam "egoístas mais ou menos refinados" porque subtraídos das malhas que produzem a consciência da solidariedade.

Delineiam-se assim as linhas gerais dos debates e dos interesses em oposição que dão sentido aos textos durkheimianos que o leitor encontrará na presente obra.

MARCIA CONSOLIM

A SOCIOLOGIA E SEU CAMPO CIENTÍFICO (1900)*

I

Uma ciência que acaba de nascer tem e só pode ter, no início, um sentimento vago e incerto da região da realidade para a qual irá se dirigir, de sua extensão e seus limites; só poderá elaborar uma imagem mais clara disso à medida que avançar em suas pesquisas. Por outro lado, é extremamente importante que ela adquira, assim, uma consciência mais elevada de seu objeto, pois o caminho seguido pelo cientista será tanto mais seguro quanto mais ele proceder metodicamente, e ele será tanto mais metódico quanto mais exatamente puder se dar conta do terreno em que adentra.

---

* Versão francesa de um artigo publicado em italiano, "La sociologia e il suo dominio scientifico", in *Rivista italiana di sociologia*, 4, pp. 127-48.

Chegou a hora de a sociologia fazer todos os esforços possíveis para realizar esse progresso. Sem dúvida, quando alguns críticos retardatários, dominados inconscientemente pelo preconceito que em todos os tempos se opôs acirradamente à formação de novas ciências, acusam a sociologia de ignorar que objeto preciso ela deve abordar, podemos responder-lhes que essa ignorância é inevitável nos primeiros tempos da pesquisa e que nossa ciência só nasceu ontem. É necessário não perder de vista, sobretudo diante do atual prestígio da sociologia, que quinze anos atrás não havia na Europa dez verdadeiros sociólogos. Deve-se acrescentar que é exigir demais pretender que uma ciência circunscreva seu objeto com uma precisão excessiva, pois a parte da realidade que nos propomos estudar nunca está separada das outras por uma fronteira precisa. De fato, na natureza tudo está tão interligado que não pode haver solução de continuidade entre as diferentes ciências, nem fronteiras precisas demais. Empenhamo-nos, contudo, em ter a ideia mais clara possível do que forma o campo da sociologia, em determinar onde ele se encontra e em estabelecer por quais sinais se reconhece o conjunto dos fenômenos de que devemos nos ocupar, sem nos preocupar em fixar fronteiras que devem necessariamente ser indeterminadas. Trata-se de um problema urgentíssimo para nossa ciência, ainda mais porque, se não tivermos cuidado, sua esfera de ação poderá se estender ao infinito, já que não existe nenhum fenômeno que não ocorra na sociedade, desde os fatos físico-químicos até os verdadeiramente sociais. Devemos, portanto, isolar com cuidado estes últimos, mostrar o que forma sua unidade, para não reduzir a sociologia a um título convencional aplicado a um agregado incoerente de disciplinas díspares.

II

Simmel fez um esforço, notável por seu excesso, para traçar os limites do campo da sociologia[*][1]. Ele parte da ideia de que, se existe uma sociologia, ela deve constituir um sistema de investigações à parte, perfeitamente distinto daquele das ciências existentes há muito tempo com o nome de economia política, história da civilização, estatística, demografia etc. Na medida em que deve se distinguir das outras ciências, ela deve ter um outro campo. A diferença consiste em que as outras ciências especiais estudam o que ocorre na sociedade, mas não a própria sociedade. Os fenômenos religiosos, morais, jurídicos de que elas se ocupam produzem-se no

---

 * As referências inseridas por Durkheim no corpo do texto foram transformadas em notas de rodapé uniformizadas e renumeradas de 1 a n para cada texto. (N. do E.)
 1. Ver seu artigo, "Le problème de la sociologie", na *Revue de métaphysique*, vol. 2, p. 497, e sua memória "Comment les formes sociales se maintiennent", em *Année sociologique*, vol. 1, pp. 71-109.

interior de grupos determinados, mas os grupos no meio dos quais eles se desenrolam devem ser objeto de outra pesquisa, independente das precedentes e que constitui justamente o campo da sociologia. Os homens que vivem em sociedade conseguem realizar, com a ajuda da sociedade, uma grande variedade de fins, alguns religiosos, outros econômicos ou estéticos, e as ciências especiais têm justamente por objeto de estudo os processos particulares em virtude dos quais esses fins são atingidos. Mas tais processos não são sociais em si mesmos ou, pelo menos, têm esse caráter apenas indiretamente e só o têm na medida em que se desenvolvem num meio coletivo. Logo, as ciências que tratam de tais processos não são verdadeiramente sociológicas. Nesse conjunto comumente chamado sociedade, existem dois tipos de elementos que exigem uma distinção cuidadosa: há o conteúdo, isto é, os diferentes fenômenos que se produzem entre os indivíduos associados, e há o continente, isto é, a própria associação na qual se observam esses fenômenos. A associação é a única coisa verdadeiramente social, e a sociologia é a ciência da associação *in abstracto*: "A sociologia não deve buscar seus problemas na matéria da vida social, e sim na sua forma... é essa consideração abstrata das formas sociais que fundamenta o direito de existir da sociologia, assim como a geometria deve sua existência à possibilidade de abstrair formas puras das coisas materiais."

Porém, por que meios daremos uma forma concreta a essa abstração? Se toda associação humana se forma visando fins particulares, como poderemos isolar a associação em geral dos diferentes fins aos quais ela serve, de modo a determinar suas leis? "Comparando as associações voltadas para os mais diversos objetivos e depreendendo o que elas têm em comum. Dessa maneira, as diferenças apresentadas pelos fins particulares em torno dos quais as sociedades se constituem eliminam-se mutuamente e apenas aparece a forma social. Por exemplo, um fenômeno – a formação de associações – pode ser observado tanto no mundo da arte como no da política, tanto no mundo da indústria como no da religião: se pesquisarmos o que ocorre em todos esses meios, poderemos determinar, apesar da diversidade dos fins e dos interesses, as leis desse gênero particular de agrupamento. Esse mesmo método nos possibilitará estudar a dominação e a subordinação, a formação das hierarquias, a divisão do trabalho, a concorrência, e assim por diante."[2]

Poderia parecer que, desse modo, se atribui à sociologia um objeto claramente definido. Na verdade, cremos que essa concepção serve apenas para mantê-la numa ideologia metafísica da qual ela sente, pelo contrário, uma irresistível necessidade de se emancipar. Não somos nós que contestamos à so-

---

2. *Année sociologique*, 1, p. 72.

ciologia o direito de se constituir por meio de abstrações, pois não há ciência que se possa formar de outra maneira. É necessário, porém, que as abstrações sejam metodicamente controladas e que separem os fatos segundo suas distinções naturais, caso contrário degeneram em construções imaginárias, em uma vã mitologia. Também a velha economia política reivindicava o direito à abstração e, como princípio, não se lhe pode recusá-lo, mas o uso que dele fazia era viciado, pois punha na base de todas as suas deduções uma abstração que não tinha o direito de utilizar, ou seja, a noção de um homem que, nas suas ações, seria guiado exclusivamente pelo interesse pessoal. Não é uma hipótese que possa ser formulada de saída no começo de uma pesquisa; somente observações repetidas e comparações metódicas permitem avaliar a força de impulsão que essa motivação pode exercer sobre nós. Não existe meio que nos assegure haver em nós algo suficientemente definido para que possa ser isolado dos outros fatores da conduta e ser considerado em si mesmo. Quem poderá dizer se entre o egoísmo e o altruísmo existe a separação tão nítida que o senso comum admite sem refletir?

Para justificar o método proposto por Simmel, não basta evocar as ciências que procedem por abstração, é necessário provar que a abstração a que se recorre satisfaz aos princípios a que deve se conformar toda abstração científica. Porém, com que direito se separa tão radicalmente o continente do conteúdo da sociedade? Afirma-se que apenas o continente é de natureza social e que o conteúdo só tem esse caráter indiretamente. No entanto, não há nenhuma prova para confirmar uma asserção que, longe de ser considerada um axioma evidente, pode surpreender o pesquisador.

Sem dúvida, nem tudo o que se produz na sociedade é social, mas não se pode dizer o mesmo de tudo o que acontece *na* e *pela* sociedade. Por conseguinte, para excluir da sociologia os diferentes fenômenos que constituem a trama da vida social, seria necessário demonstrar antes que eles não são obra da coletividade, mas têm origens totalmente diversas e vêm simplesmente se instalar no contexto geral constituído pela sociedade. Ora, ao que nos consta, ninguém tentou fazer essa demonstração e tampouco foram iniciadas as pesquisas que ela pressupõe. Todavia, compreende-se à primeira vista que as tradições e as práticas coletivas da religião, do direito, da moral, da economia política não podem ser fatos menos sociais que as formas exteriores da sociabilidade, e, se aprofundamos o exame desses fatos, essa primeira impressão se confirma: em toda parte está presente a obra da sociedade que produz esses fenômenos e em toda parte se manifesta a repercussão deles sobre a organização social. Eles são a própria sociedade, viva e operante. Seria uma ideia totalmente estranha imaginar o grupo como uma espécie de forma vazia, de molde indiferenciado que pode receber qualquer matéria! Afirma-se que o que se encontra em toda parte são organizações, seja qual for a natureza dos fins buscados. Mas a existência de características comuns a todas essas finalidades, sejam quais forem suas divergências, é um dado intuitivo. Por que somente estas deveriam ter valor social, com exclusão das características específicas?

Não só esse uso da abstração nada tem de metódico, pois tem por efeito separar coisas que são de mesma natureza, como também a abstração que assim se obtém e que se pretende considerar o objeto da ciência carece de qualquer determinação. De fato, o que significam as expressões *formas sociais*, forma da associação em geral? Caso se pretendesse apenas falar do modo como os indivíduos se situam uns em relação aos outros na associação, das dimensões desta última, de sua densidade, em suma, de seu aspecto exterior e morfológico, a noção seria definida, mas restrita demais para poder constituir por si só o objeto de uma ciência, pois isso equivaleria a reduzir a sociologia exclusivamente à consideração do substrato sobre o qual se estabelece a vida social. Mas, de fato, nosso autor atribui a essa palavra um sentido bem mais amplo. Entende-a não só como o modo de agrupamento, a condição estática da associação, mas também como as formas mais gerais das relações sociais. São as formas mais amplas das relações de todo tipo que se tecem no seio da sociedade; essa é a natureza dos fenômenos que se apresentam a nós como diretamente pertencentes à sociologia, como a divisão do trabalho, a concorrência, a imitação, o estado de liberdade ou de dependência em que o indivíduo se encontra em relação ao grupo[3]. Mas, então, entre essas relações e outras mais específicas há apenas uma diferença de grau; como uma simples diferença desse gênero pode justificar uma separação tão nítida entre duas ordens de fenômenos? Se os primeiros constituem a matéria da sociologia, por que os segundos deveriam ficar excluídos dela se são da mesma espécie? A aparência de fundamento que tinha a abstração assim operada, quando os dois elementos eram opostos um ao outro como continente e conteúdo, se desmancha tão logo se busca definir melhor o significado dessas palavras e se percebe que são apenas metáforas empregadas de modo inexato.

Portanto, o aspecto mais geral da vida social não é, por essa razão, conteúdo ou forma, e tampouco o são os aspectos especiais que ela possa apresentar. Não existem duas espécies de realidade, que, embora solidárias, sejam distintas e dissociáveis, mas fatos de mesma natureza examinados em estágios diferentes de generalidade. Aliás, qual seria o grau de generalidade necessário para que tais fatos pudessem ser classificados como fenômenos socioló-

---

3. *Revue de métaphysique et de morale*, 2, p. 499.

gicos? Ninguém o diz, e esse é o tipo de pergunta sem resposta. Entende-se o que há de arbitrário nesse critério e como ele possibilita estender ou restringir as fronteiras da ciência. Sob o pretexto de circunscrever a pesquisa, esse método na verdade a entrega à fantasia individual. Já não existe regra que decida de modo impessoal onde começa e onde termina o círculo dos fatos sociológicos; não só as fronteiras são móveis, o que seria legítimo, como também não se entende por que elas deveriam ser situadas em um lugar e não em outro. Deve-se acrescentar que, para estudar os tipos mais gerais das ações sociais e suas leis, é necessário conhecer as leis dos tipos mais particulares, pois essas leis e ações gerais só podem ser estudadas e explicadas graças a uma comparação metódica com as leis e ações particulares. No tocante a isso, qualquer problema sociológico supõe o conhecimento profundo de todas essas ciências especiais que gostariam de excluir da sociologia, mas das quais ela não pode prescindir. E, como essa competência universal é impossível, cumpre contentar-se com conhecimentos sumários, adquiridos de maneira apressada e que não estão submetidos a nenhum controle. Na verdade, isso é o que caracteriza os estudos de Simmel. Apreciamos sua fineza e engenhosidade, mas não acreditamos que seja possível definir com objetividade as principais subdivisões de nossa ciência interpretando-a como ele o faz. Não vemos relação nenhuma entre as questões para as quais ele chama a atenção dos sociólogos; são temas de meditação que não estão vinculados a um sistema científico coerente. Além disso, as provas que ele expõe consistem em geral em meros exemplos, sendo os fatos citados por vezes extraídos dos mais diversos campos, sem virem precedidos de crítica e, geralmente, sem que se possa apreciar seu valor. Para que a sociologia mereça o nome de ciência, é preciso que ela seja algo diferente de simples variações filosóficas sobre certos aspectos da vida social, escolhidos mais ou menos ao acaso, em função das tendências individuais. O problema deve ser formulado de modo que se possa encontrar uma solução lógica para ele.

III

Embora haja realmente, na sociedade, dois elementos diferentes a serem distinguidos, essa distinção deve ser feita de outro modo e deve ter por objetivo subdividir o campo da sociologia, e não restringi-lo arbitrariamente.

A vida social é formada de manifestações diversas, cuja natureza iremos indicar. Porém, sejam elas quais forem, todas têm a característica comum de emanar de um grupo, simples ou composto, que constitui seu substrato. O estudo do substrato social pertence evidentemente à sociologia. É também o objeto mais imediatamente acessível à investigação do sociólogo, pois está dotado de formas materiais perceptíveis pelos sentidos. De fato, a composição da sociedade consiste em combinações de pessoas e coisas que têm necessariamente um vínculo no espaço. Por outro lado, a análise explicativa desse substrato não deve ser confundida com a análise explicativa da vida social que se desenrola na sua superfície. Uma coisa é a maneira como a sociedade é constituída, outra coisa totalmente diferente é a maneira como ela age. São dois tipos de realidade tão distintos que não se pode tratá-los com os mesmos procedimentos e cumpre separá-los na pesquisa. O estudo do primeiro compõe, por conseguinte, um ramo especial – embora fundamental – da sociologia. Trata-se aqui de uma distinção análoga àquela que se observa em todas as ciências da natureza. Ao lado da química, que estuda a maneira como os corpos são constituídos, a física tem por objeto os fenômenos de todo tipo cuja sede são os diferentes corpos; ao lado da fisiologia que pesquisa as leis da vida, a anatomia ou a morfologia se dedica a estudar a estrutura dos seres vivos, seu modo de formação e as condições que presidem à sua existência.

As principais questões que se colocam a esse respeito no campo da sociologia são as seguintes:

O substrato social deve em primeiro lugar ser definido em sua forma exterior, que se caracteriza principalmente: 1) pela extensão do território; 2) pela situação geográfica da sociedade, ou seja, por sua posição periférica ou central em relação aos continentes e pela maneira como está rodeada pelas sociedades vizinhas etc.; 3) pela forma de suas fronteiras. De fato, como demonstrou Ratzel, as fronteiras mudam de natureza e de aspecto conforme os países; são constituídas ora por superfícies mais ou menos extensas, ora por linhas geométricas, em alguns casos penetram como cantos nos países vizinhos, em outros se encurvam e são empurradas para dentro, e assim por diante. Além disso, há o conteúdo, isto é, em primeiro lugar, a massa total da população, em sua importância numérica e em sua densidade. Há agrupamentos secundários que a sociedade encerra em seu interior e que têm uma base material, como as aldeias, as cidades, os distritos e as províncias de importância variada. A propósito de cada um deles, voltam a se colocar as diferentes questões que cumpre estudar no que concerne à coletividade, ou seja, a extensão das aglomerações, o tamanho das cidades e das aldeias, os cursos d'água, os muros exteriores, o tamanho e a densidade da população etc.

Por fim, cada grupo, total ou parcial, utiliza conforme suas necessidades o solo ou a parte do solo que ele ocupa. As nações se cercam de fortalezas ou se munem de cidades fortificadas; vias de comunicação são construídas. A disposição das ruas e das praças, a arquitetura das casas e dos edifícios de todo tipo variam nas aldeias e nas cidades, nas grandes e nas pequenas cidades etc. O substrato social se diferencia de mil maneiras sob a mão do homem e essas diferenças têm um grande significado sociológico, seja pelas causas de que dependem, seja pelos efeitos que delas resultam. A presença ou ausência de muros externos, de mercados, a construção de prédios públicos e sua desigual diversidade em comparação aos estabelecimentos privados, todos esses fatos estão ligados ao que há de mais essencial na vida coletiva e concorrem ao mesmo tempo para lhe imprimir uma marca determinada.

Mas a tarefa do sociólogo não consiste apenas em descrever esses diferentes fenômenos, cuja enumeração precedente não tem a pretensão de ser completa; ele deve se propor explicá-los, ou seja, a vinculá-los a suas causas e determinar suas funções. Ele se perguntará, por exemplo, por que as sociedades, dependendo do estágio de desenvolvimento a que chegaram, preferem as situações periféricas, qual o papel do território na vida dos Estados, por que as fronteiras adquirem de preferência uma forma ou outra, que fatos deram origem às aldeias e depois às cidades, de que fatores depende o desenvolvimento dos centros urbanos. Ora, todas essas causas e todos esses efeitos consistem necessariamente em movimentos. Pouco a pouco, sob a ação de certas forças, os diversos elementos sociais se dispuseram de uma forma ou de outra. As migrações externas é que determinam a situação dos Estados, a natureza de suas funções. Estão, de fato, em relação direta com o movimento de expansão de cada sociedade. As correntes de migração interna é que determinam a respectiva importância das populações urbanas e rurais. Os fatores de que dependem a natalidade e a mortalidade é que fazem variar o número da população global. A tendência da sociedade para viver concentrada ou dispersa é que explica sua densidade.

Esse ramo da sociologia não é, pois, uma ciência puramente estática, e é por isso que não achamos oportuno adotar esse termo, que não indica claramente o ponto de vista a partir do qual a sociedade é considerada: de fato, não se trata, como houve quem dissesse, de considerá-la num momento dado, imobilizada de maneira abstrata, mas de analisar sua formação e explicá-la. Os fenômenos concernentes à estrutura sem dúvida têm algo de mais estável que os fenômenos funcionais, mas entre essas duas ordens de fatos existem apenas diferenças de grau. A própria estrutura está em *devir* e só se pode destacá-la com a condição de levar em conta o processo do devir. Ela se forma e se decompõe incessantemente, ela é a vida que atingiu certo grau de consolidação, e separá-la da vida, de que ela deriva, ou da vida que ela determina, equivale a dissociar coisas inseparáveis.

Propomos chamar de morfologia social essa ciência que tem por objeto o estudo das formas materiais da sociedade. A palavra "forma", que, no uso que dela fazia Simmel, tinha apenas um significado metafórico, aqui é usada em seu verdadeiro sentido. Todo fenômeno morfológico, assim concebido, consiste em realidades materiais que adquirem uma forma determinada que sempre pode ser representada graficamente.

IV

Todavia, o substrato da vida coletiva não é a única coisa de caráter social que existe na natureza; a vida que dele brota ou que ele sustenta tem necessariamente o mesmo caráter e é da competência da mesma ciência. Ao lado das maneiras sociais de ser, existem as maneiras sociais de agir; ao lado dos fenômenos morfológicos acham-se os fenômenos funcionais ou fisiológicos. É fácil prever que os segundos devam ser mais numerosos que os primeiros, porque as manifestações vitais são bem mais variadas e complexas que as combinações morfológicas, que são a condição fundamental delas.

Por meio de que sinais poderemos reconhecê-los? Onde começa e onde termina essa região da vida coletiva, ou seja, a da fisiologia social?

Primeiramente, é claro que a generalidade, por si só, seria um índice enganoso. Não basta certo número de indivíduos agirem da mesma maneira para que essas ações paralelas, mesmo que sejam idênticas, tenham algo de social; do mesmo modo, dois indivíduos não constituem um grupo pelo simples fato de que são vizinhos e se parecem. Temos de buscar em outro lugar o critério distintivo de que precisamos.

Comecemos por estabelecer uma proposição que deveria ser considerada um axioma: *para que uma verdadeira sociologia possa existir, é necessário que ocorram em cada sociedade fenômenos de que esta sociedade seja a causa específica, que não existiriam se ela não existisse e que só são o que são porque ela é constituída como é.* Uma ciência só pode ser fundada se tiver por matéria fatos *sui generis* distintos daqueles que constituem o objeto de estudo das outras ciências. Se a sociedade não fosse capaz de produzir fenômenos particulares em relação àqueles que podem ser observados nos outros reinos da natureza, a sociologia não teria objeto próprio. Para que ela possa ter uma razão de ser, é preciso haver realidades que mereçam ser chamadas de sociais e não sejam simplesmente aspectos de uma outra ordem de coisas.

Essa proposição tem por corolário que a causa imediata e determinante dos fenômenos sociais não está na natureza dos indivíduos. Pois, se assim não fosse, se eles derivassem diretamente da constituição orgânica ou física do homem, sem que nenhum outro fator interviesse na sua elaboração, a sociologia se confundiria com a psicologia. Sem dúvida, é verdade que todos os fenômenos funcionais da ordem social são psicológicos, no sentido de que constituem um modo de pensar e de agir. Contudo, para que a sociologia possa ter uma matéria que lhe seja própria, cumpre que as ideias e as ações coletivas sejam diferentes por natureza daquelas que têm sua origem na consciência individual e que sejam, ademais, regidas por leis especiais. Pode-se dizer que a fisiologia social é uma psicologia, desde que se esclareça que se trata de uma psicologia que em nenhum caso poderia ser confundida com a ciência que habitualmente é designada por essa palavra e que visa exclusivamente estudar a constituição mental do indivíduo.

No entanto, essa afirmação tão simples colide com um velhíssimo sofisma, do qual muitos sociólogos ainda sofrem a influência sem perceber que ele é a própria negação da sociologia. Afirmam que a sociedade é formada tão somente por indivíduos e que, assim como não se pode ter no todo mais do que se encontra nas partes, tudo o que é social é redutível a fatores individuais. Poderíamos igualmente dizer que não há na célula viva nada além do que existe nos átomos de hidrogênio, de carbono e de nitrogênio que contribuem para a sua formação; ora, sabemos intuitivamente que esses átomos não vivem.

Logo, o modo de raciocinar que acabamos de expor é radicalmente errôneo e é falso afirmar que o todo é sempre igual à soma de suas partes. Quando elementos se combinam, é uma nova realidade que deriva de sua combinação, e ela apresenta características inteiramente novas, às vezes até opostas às que se observam nos elementos que a compõem. Dois corpos moles, o cobre e o estanho, formam por sua união uma das matérias mais duras que se conhece, o bronze. Talvez queiram nos contrapor que as propriedades que se manifestaram no todo preexistiam em germe nas partes? Um germe é algo que ainda não é tudo o que virá a ser, mas que desde já existe; é uma realidade que atingiu apenas o primeiro período de sua evolução, mas que existe desde já efetivamente, demonstrando sua existência mediante fatos característicos. Ora, há nos átomos minerais que compõem a substância viva algo que revele o menor germe de vida? Se ficassem isolados uns dos outros, se alguma causa desconhecida não os tivesse unido estreitamente, jamais algum deles teria manifestado qualquer propriedade que pudesse, salvo por metáfora ou analogia, ser qualificada de biológica. Portanto, se partículas não vivas podem, ao se unirem, formar um ser vivo, não há nada de extraordinário no fato de que uma associação de consciências particulares se torne o campo de ação de fenômenos *sui generis* que as consciências associadas não poderiam ter produzido apenas pela força de sua natureza.

Uma vez aceito esse princípio, já temos condições de determinar um critério que permita reconhecer os fenômenos sociais de caráter fisiológico. Não devemos dar ao termo "fisiologia" o sentido que lhe é atribuído habitualmente quando se trata do indivíduo, porque esses fenômenos não são do tipo que se manifestam unicamente pelo desenvolvimento de suas propriedades intrínsecas. Em outras palavras, eles só podem penetrar no indivíduo impondo-se a ele de fora. É necessário que exerçam uma pressão sobre os indivíduos para levá-los a sair assim de sua natureza. Os indivíduos podem não notar essa pressão, assim como não percebem aquela que a atmosfera exerce sobre seus corpos; às vezes, podem ceder a ela sem resistência. No entanto, inconscientemente ou não, livremente aceita ou sofrida passivamente, ela não cessa de ser real. Foi o que quisemos dizer quando caracterizamos os fenômenos sociais por essa propriedade que eles têm de se impor ao indivíduo e até de exercer sobre ele uma coação externa[4]. Isso não significa que as práticas ou crenças coletivas devam necessariamente ser inculcadas nos homens pela violência ou pela coerção. A força que faz que nos dobremos diante delas e nos conformemos a elas não é material ou, ao menos, não o é necessariamente. Se nos submetemos docilmente aos impulsos que dirigem a sociedade, não é somente porque é um ser mais poderoso que nós. Normalmente, é a autoridade moral que investe todos os produtos

---

4. E. Durkheim, *Règles de la méthode sociologique* [trad. bras. *As regras do método sociológico*, São Paulo, Martins Fontes, 3.ª ed., 2007].

da atividade social e que faz nossas mentes e nossas vontades se curvarem. Tudo o que vem dela está dotado de um prestígio que, em graus variados, nos inspira sentimentos de deferência e de respeito. Quando nos vemos diante dessas formas de conduta e de pensamento de que não somos os autores, que são o resultado de experiências coletivas em geral seculares, detemo-nos, entendendo que há nelas algo que ultrapassa as combinações corriqueiras de nossa inteligência individual e que não podemos abordá-las ligeiramente. E essa impressão também se confirma com o que nos acontece quando passamos por cima disso e nos revoltamos. As iniciativas individuais dirigidas contra as realidades sociais na intenção ou de destruí-las ou de modificá-las sempre enfrentam fortes resistências. As forças, morais ou não, contra as quais o indivíduo se insurge reagem contra ele e atestam sua superioridade pela energia, geralmente irresistível, da reação.

A análise acima foi sobretudo dialética e foi com conhecimento de causa que a conduzimos desse modo. Queríamos destacar desde o início a característica dos fatos sociais, partindo do axioma segundo o qual eles são sociais e, por conseguinte, não são individuais. Contudo, ao acompanhar nosso raciocínio, o leitor deve ter percebido os fatos que nos guiaram. Em primeiro lugar, existe um conjunto considerável de crenças e práticas que apresentam no mais alto grau as características acima indicadas, a saber, as crenças e as práticas da vida religiosa, moral e jurídica. Umas e outras são, por essência, imperativas. Impõem-se normalmente pela veneração que inspiram, pela obrigação que sentimos de respeitá-las e, caso nos revoltássemos, pela coerção que exercem sob a forma de sanção. Isso se mostra de modo ainda mais evidente nos fatos religiosos, porque a própria maneira como são concebidos prova que sua realidade provém de uma fonte que está acima do indivíduo, já que são fatos considerados a emanação de uma autoridade diferente daquela de que o homem, como homem, está investido e que lhe é superior. O mesmo acontece com o direito e a moral, pois, como derivam da religião, não poderiam ter uma natureza diferente; ambos exigem de nós uma estrita obediência. Por isso, para dar conta do tom de autoridade implicado no dever, a imaginação popular se compraz em ver nele a palavra de um ser superior ao homem, de uma divindade. O crente toma ao pé da letra essa manifestação simbólica, e, para ele, o imperativo religioso ou moral se explica logicamente pela natureza eminente da personalidade divina. Para o cientista, contudo, tal questão nem mesmo se coloca, pois o campo da ciência não se estende além do universo empírico. A ciência tampouco se preocupa em saber se existe uma outra realidade. Para ela, só é certo que existem modos de pensar e de agir que são obrigações e que, por esse motivo, se distinguem de todas as outras formas de ação e de representação mental. Como toda obrigação pressupõe uma autoridade que obriga, superior ao sujeito submetido à obrigação, e, ademais, como não conhecemos empiricamente uma autoridade moral que seja superior à do indivíduo, exceto a da coletividade, devemos considerar sendo de natureza social todo fato que apresente esse caráter.

Por conseguinte, ainda que esses fossem os únicos fenômenos a apresentar tal particularidade distintiva, deveriam, contudo, por essa razão, ser separados daqueles que a psicologia individual estuda e ser atribuídos a outra ciência. Dessa maneira, a sociologia teria um campo que poderia parecer restrito, mas que ao menos seria definido. Na verdade, existem outros fenômenos que apresentam o mesmo caráter, embora em menor grau: a língua que falamos em nosso país não opõe aos audaciosos inovadores uma resistência igual à que os ritos da religião, as máximas do direito e da moral opõem aos que tentam violá-los? Há nela algo que nos inspira respeito. Os costumes tradicionais, mesmo quando não têm nada de religioso ou de moral, as festas, as regras de civilidade, as próprias modas estão protegidas por uma grande variedade de sanções contra as tentativas individuais de rebelião. Também a organização econômica se impõe a nós por uma necessidade imperiosa. Se tentarmos nos insurgir contra ela, é certo que não seremos condenados só por esse motivo, mas é preciso acrescentar que essas inovações muitas vezes despertam resistências que não são desprovidas de caráter moral. Cumpre, contudo, levar em conta não só a impossibilidade material de não se conformar em grande medida às regras da técnica consagrada, mas também o fato de que essa consagração não se dá à toa. Tanto na vida industrial como nas outras relações cotidianas, as práticas tradicionais, respeitadas no meio em que vivemos, não podem deixar de exercer sobre nós uma autoridade que basta para conter nossas divergências, mas que, mais fraca do que aquela que vem das disciplinas morais, as refreia com menos eficácia que estas últimas. Contudo, entre umas e outras há apenas uma diferença de grau, cujas causas não é necessário buscarmos por ora. Concluindo, a vida social nada mais é que o meio moral, ou melhor, o conjunto dos diversos meios morais que cercam o indivíduo. Ao qualificá-los de morais, queremos dizer que são meios constituídos por ideias; por isso desempenham em relação às consciências individuais o mesmo papel que os meios físicos desempenham em relação aos organismos. Ambos são realidades independentes – supondo que exista nesse mundo em que tudo está ligado coisas independentes umas das outras. Devemos, pois, nos adaptar a esses dois tipos de realidade. Contudo, a força coercitiva a que se submete, aqui, nosso corpo, ali, nossa vontade, não é em ambos os casos uma realidade de mesma natureza e não está vinculada às mesmas causas;

uma é formada pela rigidez das combinações moleculares que constituem o meio físico e às quais, naturalmente, somos obrigados a nos adaptar; a outra é constituída pelo prestígio *sui generis* que os fatos sociais têm o privilégio de possuir e que os subtrai às ameaças individuais.

Não pretendemos, aliás, afirmar que as práticas ou as crenças sociais penetram nos indivíduos sem sofrer variações, o que seria contradito pelos fatos. Quando dirigimos nosso pensamento para as instituições coletivas, ou mesmo quando as assimilamos, nós as tornamos individuais, imprimindo nelas, em maior ou menor medida, nosso caráter individual, assim como, quando nos ocupamos com nossa mente do mundo sensível, cada um de nós o colore à sua maneira, de modo que, de fato, vemos de maneira diferente muitas questões diferentes num mesmo meio físico. Por isso cada um de nós forma, até certo ponto, sua *própria* fé religiosa, seu *próprio* culto, sua *própria* moral, sua *própria* técnica. Não existe uniformidade social que não possibilite toda uma escala de gradações individuais, não existe fato coletivo que se imponha de maneira uniforme a todos os indivíduos.

Isso, contudo, não impede que o campo das variações possíveis e toleradas seja sempre e em toda parte mais ou menos restrito. Quase nulo no terreno religioso, onde a inovação e a reforma adotam quase fatalmente o nome de heresia e de sacrilégio, ele é mais amplo na esfera dos fenômenos econômicos. No entanto, mais cedo ou mais tarde, também nele encontramos um limite que não se pode ultrapassar. Logo, a característica dos fatos sociais reside inteiramente na ascendência que eles exercem sobre as consciências particulares.

Quanto a seus signos exteriores, há ao menos dois que nos parecem muito particularmente sintomáticos e de aplicação relativamente fácil. Primeiro, as resistências mediante as quais o grupo social se opõe a que os indivíduos se afastem de certas formas de fazer ou de pensar. É muito fácil observar essas resistências quando elas se exprimem em sanções precisas, religiosas, jurídicas ou morais. Em todos esses casos, a sociedade obriga diretamente o indivíduo a se comportar ou a pensar de determinada maneira, e é isso que torna incontestável o caráter social de todas as regras obrigatórias, no campo da religião, do direito e da moral. Às vezes, contudo, a resistência social é menos fácil de perceber e tem algo de menos consciente e de mais oculta. Assim é a resistência que se opõe às inovações muito radicais em matéria de técnica econômica. Portanto, é útil adotar um outro critério que possa ser aplicado mais facilmente a todos os casos. Vamos encontrá-lo no modo especial como os fatos sociais se individualizam. Como a sociedade os impõe a seus membros, eles devem ter certa generalidade no interior do grupo a que se referem; por outro lado, como provêm da sociedade, só podem penetrar nos indivíduos seguindo um processo que vai do exterior para o interior. De fato, as regras da moral, as práticas da civilidade, as opiniões e os usos tradicionais de nosso meio chegam a nós pela educação comum; as regras da técnica profissional, por intermédio da educação técnica; os artigos da fé, por meio da educação religiosa etc. E o que dizer das regras jurídicas, cuja parte externa é tal que ignoramos sua maior parte durante toda a nossa vida e devemos recorrer a uma consulta quando necessitamos conhecê-las? Portanto, por um lado a generalidade, por si só, não é um critério suficiente, como já mostramos, por outro, o conhecimento do processo segundo o qual os fenômenos sociais se atualizam em cada consciência não seria, por si só, um critério distintivo mais correto, pois podem nos ser sugeridos atos e ideias que vêm de fora e que, contudo, nada têm de coletivo. No entanto, colocadas juntas, essas duas particularidades são, ao contrário, verdadeiramente distintivas. Esses modos de agir e de pensar que são gerais numa sociedade dada, mas que os indivíduos tomam emprestado do exterior, só podem dever essa generalidade à ação exclusiva do meio moral cuja influência sofrem, ou seja, do meio social. Essas normas impessoais do pensamento e da ação constituem o fenômeno sociológico por excelência e, entre elas e a sociedade, existe a mesma relação que existe entre as funções vitais e o organismo: elas dependem da inteligência e da vontade coletiva. Constituem, pois, a matéria própria da fisiologia social.

Ao mesmo tempo que essa definição delimita o campo da pesquisa, serve para orientá-la. Quando o esforço está voltado para reduzir os fenômenos sociais a tão somente fenômenos psicológicos mais ou menos desenvolvidos, fica-se condenado a fazer uma sociologia que eu me permitiria chamar de fácil e abstrata. E, de fato, nessas condições a tarefa do sociólogo parece relativamente cômoda, já que, como a sociedade não tem leis próprias, não há nada para descobrir. Resta-lhe apenas tomar emprestadas da psicologia as leis que esta considera ter formulado e investigar como podem ser deduzidos delas os fatos que ele estuda. O único problema que pode encontrar é o seguinte: que é feito das faculdades gerais da natureza humana nas relações de todo tipo que os homens podem ter uns com os outros? Pela mesma razão, toda a ilustração detalhada e concreta dos fatos sociais, o que compõe sua riqueza e especificidade, lhe escapa necessariamente. As prerrogativas da consciência individual são simples demais, gerais demais, indeterminadas demais para poder dar conta das particularidades das práticas e crenças sociais, da variedade de suas formas, da complexidade de suas características. Esses sistemas limitam-se, portanto, a desenvolver, com uma acuidade maior ou menor, visões muito esquemáticas, conceitos totalmente formais, que, por sua indeterminação, subtraem-se a todo controle. Mas, se, ao contrário, realmente existe um *reino social*, tão diferente do reino individual quanto o reino biológico pode ser do reino mineral, o campo da sociologia compreende todo um mundo imenso, inexplorado, em que agem forças que nem mesmo se imaginou até agora, em que há, consequentemente, muitas descobertas a fazer. Estamos diante de um campo desconhecido, que deve ser conquistado e submetido à inteligência humana. Mas não é uma conquista fácil. Num terreno tão virgem só podemos avançar com lentidão e circunspeção. Para descobrir as leis dessa realidade complexa, é necessário adotar procedimentos apropriados para penetrar numa tal complexidade de fatos; não basta observar, classificar, comparar, mas é preciso que os métodos de observação, de classificação e de comparação sejam adaptados à natureza desse estudo especial.

V

No entanto, a sociologia, assim entendida, permanece exposta à crítica que lhe fez Simmel. Os fatos de que ela se ocupa já são estudados por ciências que existem há tempo: os movimentos e o estado das populações pela demografia, os fenômenos econômicos pela economia política, as crenças e as práticas religiosas pela história comparada das religiões, as ideias morais pela história da civilização etc. A sociologia nada mais seria então que uma etiqueta aplicada a uma reunião mais ou menos coerente de velhas disciplinas e teria de novo apenas o nome?

Queremos primeiramente lembrar que, ainda que essa crítica tivesse fundamento, não seria uma razão válida para circunscrever arbitrariamente o termo "sociologia" a sabe-se lá que categoria de estudos, que não se chega a determinar com exatidão e que, de todo modo, não têm nenhum direito a essa situação privilegiada. Mais ainda, é totalmente incorreto dizer que, reunindo dessa maneira, sob um mesmo título, essas diferentes disciplinas especiais, opera-se apenas uma simples reforma verbal; de fato, essa mudança de nome implica e traduz exteriormente uma profunda mudança nas coisas.

Na verdade, todas essas ciências especiais, economia política, história comparada do direito, das religiões, demografia, geografia política, foram até agora concebidas e aplicadas como se cada uma formasse um todo independente, quando, ao contrário, os fatos de que elas se ocupam são apenas as diversas manifestações de uma mesma atividade, a atividade coletiva. Disso deriva que os vínculos que as uniam passavam despercebidos. Quem poderia supor, até recentemente, que existiam relações entre as práticas demográficas e as ideias morais, entre as condições geográficas e as manifestações coletivas etc.? Uma consequência ainda mais grave desse isolamento é que cada ciência estudava os fenômenos de sua alçada como se eles não estivessem vinculados a nenhum sistema social. Vejam-se as leis da economia política ou, para ser mais exato, as proposições que os economistas adornam com essa dignidade! Independentes no tempo e no espaço, não parecem ser solidárias de nenhuma forma de organização social. Tampouco se pensava que pudesse haver tipos econômicos definidos relacionados com tipos sociais igualmente determinados, da mesma maneira como existem aparelhos digestivos e respiratórios diferentes conforme a natureza das espécies animais. Pensava-se que todos os fenômenos de ordem econômica procediam de móveis extremamente simples, muito gerais, comuns a toda a humanidade. De modo semelhante, a história comparada das religiões estudava as crenças e as práticas religiosas como se elas fossem apenas a expressão de certas condições íntimas da consciência individual: por exemplo, o temor que as grandes forças da natureza inspiram no homem ou as reflexões que lhe são sugeridas por certos fenômenos da vida, como o sonho, o sono e a morte. Foi só recentemente que a história comparada do direito tentou relacionar algumas instituições domésticas com certas formas de organização social; mas essas relações ainda são tímidas, embrionárias e destituídas de método, embora tenham sido tentadas em particular por Post e por sua escola e embora Post fosse sociólogo. Antes de Ratzel, quem teria tido a ideia de ver na geografia política uma ciência social ou, mais genericamente, uma ciência explicativa no sentido próprio do termo?

Essa constatação pode, aliás, ser generalizada. Muitas dessas pesquisas, além de nada terem de sociológicas, têm apenas imperfeitamente um caráter científico. Ao deixar de vincular os fatos sociais com o meio social em que estão arraigados, essas pesquisas ficam suspensas no ar sem relação com o resto do mundo, sem que seja possível perceber o vínculo que as une entre si e que constitui sua unidade. Nessas condições, resta apenas expor esses fatos sem classificá-los ou explicá-los, como fazem os historiadores puros, ou extrair o que têm de mais geral segundo um ponto de vista esquemático que, naturalmente, os faz perder sua individualidade. Porém, adotando esse método, não se conseguiria estabelecer relações definidas entre classes de fatos definidas, ou seja, leis no sentido mais geral do termo; ora, onde não há leis, pode haver ciência?

Não é necessário demonstrar longamente que esse inconveniente é eliminado quando se considera essas diferentes ciências como ramos de uma ciência única que engloba todas e à qual se dá o nome de sociologia. A partir daí, já não é possível cultivar uma delas e ficar alheio às outras, porque os fatos que elas estudam respectivamente se entrelaçam, tal como as funções de um mesmo organismo, e estão estreitamente ligados entre si. Ao mesmo tempo, eles adquirem um aspecto bem diferente. Produzidos pela sociedade, apresentam-se como funções da sociedade e não como funções do indivíduo, e, como tais, podem ser explicados. Partindo do modo como a sociedade é constituída, e não da maneira como somos constituídos individualmente, podemos explicar por que esses fatos adquirem uma forma e não outra. Por isso eles cessam de rodopiar nessa espécie de dança por meio da qual conseguiam escapar das pesquisas da ciência e se tornam o substrato que os vincula ao restante dos fatos humanos. Isso é o que constitui o substrato social e é assim que se consegue fixar regularidades definitivas entre esses fatos e estabelecer leis propriamente ditas.

Outra causa também contribuiu para determinar essa mudança de orientação. Para ter a ideia de pesquisar leis dos fenômenos sociais, era necessário saber primeiro o que são as leis naturais e os procedimentos por meio dos quais são descobertas; tal intuição só podia ser adquirida pela prática das ciências nas quais descobertas desse gênero ocorrem todos os dias, ou seja, as ciências da natureza. Ora, os escritores que se dedicavam a estudos sociais especializados, os economistas e os historiadores, tinham uma cultura mais literária que científica. Em geral, possuíam somente uma noção muito indeterminada do que é uma lei. Os historiadores negavam sistematicamente a existência delas em toda a extensão do mundo social; quanto aos economistas, sabe-se que eles designam por esse nome teoremas abstratos, que exprimem apenas possibilidades ideológicas e que nada têm em comum com o termo "lei" que se emprega em física, em química, em biologia. Em contraposição, os primeiros pensadores que pronunciaram a palavra "sociologia" e que, por conseguinte, pressentiram a afinidade de todos esses fenômenos que pareciam até então independentes uns dos outros, Comte e Spencer, estavam a par dos métodos utilizados nas ciências da natureza e dos princípios sobre os quais eles se fundamentavam. A sociologia nasceu à sombra dessas ciências e, portanto, é em estreito contato com elas que ela atrai para seu campo de ação todas as ciências sociais particulares que originalmente ela englobava e que agora foram penetradas por um espírito novo. É óbvio que, entre os primeiros sociólogos, alguns cometeram o erro de exagerar essa aproximação a ponto de não reconhecerem a originalidade das ciências sociais e a autonomia de que devem gozar em relação às ciências que as precederam. Mas esses excessos não devem fazer esquecer tudo o que há de fecundo nesses principais centros do pensamento científico.

Convém, portanto, que o termo "sociólogo", no sentido que lhe demos, não corresponda a um simples enriquecimento do vocabulário, mas que seja e continue sendo o sinal de uma renovação profunda de todas as ciências que têm por objeto o reino humano[5]; é o que constitui a tarefa da sociologia no movimento científico contemporâneo. Sob a influência das ideias que essa palavra resume, todos os estudos que até agora se fundamentavam, sobretudo na literatura ou na erudição, mostram que suas verdadeiras afinidades estão em outra parte e que buscaram seu modelo numa direção totalmente oposta. Em vez de se limitar apenas à consideração dos acontecimentos que se desenrolam na superfície da vida social, sentiu-se a necessidade de estudar os pontos mais obscuros de suas profundezas, as causas íntimas, as forças impessoais e ocultas que fazem os indivíduos e a coletividade agirem. Essa tendência já tinha se manifestado em alguns historiadores, mas compete à sociologia dar uma consciência mais clara dela, esclarecer e desenvolver essa tendência. O movimento certamente ainda está em seus primórdios, mas o fato de ele existir já significa muito, e de agora em diante resta apenas fortalecê-lo e lhe dar uma direção precisa.

Todavia, não quer dizer que a sociologia deva perpetuamente se limitar a ser apenas um sistema de ciências específicas. Se todos os fatos que essas

---

5. A psicologia também está destinada a se renovar, em parte sob essa influência. Pois, se os fenômenos sociais penetram o indivíduo de fora, há todo um campo da consciência individual que depende em parte de causas sociais e do qual a psicologia não pode fazer abstração sem se tornar ininteligível.

ciências observam têm afinidades, se são tão somente espécies de um mesmo gênero, vale a pena pesquisar o que forma a unidade do próprio gênero, e é função de um ramo específico da sociologia empreender essa pesquisa. A sociedade, a vida social em toda a extensão de sua evolução formam um todo cuja ciência ainda não está completamente constituída pela simples razão de que seus elementos foram estudados separadamente. Depois da análise, cumpre fazer a síntese e demonstrar como esses elementos se unem para formar um todo. É a razão de ser da sociologia geral. Se todos os fatos sociais apresentam características comuns entre eles, isso decorre de que todos derivam de um mesmo tronco, ou de troncos da mesma espécie. É tarefa da sociologia geral encontrar esses troncos primevos.

No campo da morfologia, a sociologia buscará o grupo elementar que esteve na origem dos grupos cada vez mais complexos; no campo da fisiologia, vai se perguntar quais são os fenômenos funcionais elementares que, combinando-se entre si, foram progressivamente formando os fenômenos cada vez mais complexos que se desenvolveram no decurso da evolução. Mas o valor da síntese depende evidentemente do valor das análises que as ciências particulares propõem. Portanto, é necessário tratar de constituir estas últimas e fazê-las progredir. Esta parece ser de imediato a tarefa mais urgente da sociologia.

[UMA DEFINIÇÃO DA SOCIEDADE]*
(1917)**

Sobre *sociedade*. – A grande diferença entre as sociedades animais e as sociedades humanas é que, nas primeiras, o indivíduo é governado exclusivamente a partir *de dentro*, pelos instintos (exceto uma tênue parte de educação individual, que depende, ela própria, do instinto), ao passo que as sociedades humanas apresentam um fenômeno novo, de uma natureza especial, que consiste em que certas maneiras de agir são impostas ou, ao menos, propostas *de fora* ao indivíduo e se agregam à sua natureza própria: é esse o caráter das "instituições" (no sentido amplo do termo), que a existência da linguagem torna possível e de que a própria linguagem é um exemplo. Elas tomam corpo nos sucessivos indivíduos

---
* Foram acrescentados, entre colchetes, para resenhas e excertos que não os tinham, títulos baseados no conteúdo desses textos. (N. do E.)
** Extraído do *Bulletin de la Société française de philosophie*, 15.

sem que essa sucessão destrua sua continuidade; a presença delas é o caráter distintivo das sociedades humanas e o objeto próprio da sociologia.

SOCIOLOGIA E CIÊNCIAS SOCIAIS
(1903)*
ÉMILE DURKHEIM E PAUL FAUCONNET

Diz-se correntemente que a sociologia é a ciência dos fatos sociais, ou seja, dos fenômenos que manifestam a vida própria das sociedades; e essa definição pode ser considerada um truísmo que ninguém mais contesta. Contudo, só isso não basta para determinar o objeto da ciência. Com efeito, esses mesmos fatos que lhe são atribuídos como matéria já são estudados por uma multidão de disciplinas particulares: história das religiões, do direito, das instituições políticas, estatística, ciência econômica etc. Ao que parece, estamos portanto diante da seguinte alternativa. Ou a sociologia tem o mesmo objeto que as ciências denominadas históricas e sociais, e então ela se confunde com estas últimas e é tão somente o termo genérico que serve para designá-las

---

* Extraído da *Revue philosophique*, 55.

coletivamente. Ou ela é uma ciência distinta, que tem sua individualidade própria; para isso, porém, ela deve ter um objeto que lhe pertença especificamente. Onde encontrá-lo, fora dos fenômenos de que tratam as diferentes ciências sociais?

A finalidade deste trabalho é mostrar como se resolve esse dilema. Propomo-nos estabelecer, por um lado, que a sociologia é e só pode ser o sistema, o *corpus* das ciências sociais; por outro, que esse agrupamento sob uma mesma rubrica não constitui uma simples operação verbal, mas implica e indica uma mudança radical no método e na organização dessas ciências. Não pretendemos, contudo, proceder a essa demonstração de maneira puramente dialética. Não se trata de analisar logicamente o conteúdo de uma noção previamente construída. Essas dissertações conceituais são, legitimamente, consideradas inúteis. A sociologia existe, ela já tem uma história que manifesta sua natureza; portanto, não cabe tentar imaginá-la. Mas é possível observá-la. Embora de nada sirva discutir *in abstracto* sobre o que a ciência deve ser, há, ao contrário, um real interesse em tomar consciência do que ela vai se tornando à medida que é feita, em se dar conta dos diversos elementos dos quais resultou e da respectiva participação deles na obra total. É o que gostaríamos de tentar fazer nas próximas páginas.

I

Reduzir a sociologia a ser apenas o sistema das ciências sociais significa, à primeira vista, colocar-se em oposição aos fundadores da nova ciência e romper com a tradição que eles estabeleceram. Para falar apenas do maior deles, é certo que Auguste Comte nunca concebeu a sociologia de outra forma que não fosse como uma especulação unitária e integral, estreitamente vinculada à filosofia geral. É seu coroamento e sua peça central. Não existe por si só, mas porque só ela pode fornecer o princípio necessário para uma sistematização completa da experiência. Por isso, chegou-se a dizer, não sem razão, que em certo sentido ela era não uma ciência específica, mas "a ciência única", "a ciência universal, porquanto as outras ciências podem ser vistas como grandes fatos sociológicos e porquanto o conjunto do que nos é dado subordina-se à ideia suprema da humanidade"[1]. Porque, com efeito, a lei dos três estados, que domina todo o *Curso de filosofia positiva*, é uma lei essencialmente sociológica, e porque, de outro lado, a demonstração dessa lei se apoia em considerações filosóficas relativas às condições do conhecimento, resulta que a filosofia positiva é toda ela uma sociologia e que a própria sociologia comtiana é uma filosofia.

---

1. Lévy-Bruhl, *La philosophie d'Auguste Comte*, p. 403.

A sociologia nascente mostrou esse caráter, e era necessário que o mostrasse. Ela só podia nascer no seio de uma filosofia, já que eram tradições filosóficas que se opunham a que ela se constituísse. O primeiro desses obstáculos era o dualismo religioso ou metafísico que fazia da humanidade um mundo à parte, subtraído, por não se sabe que obscuro privilégio, ao determinismo cuja existência as ciências naturais constatam no restante do universo. Logo, para que a nova ciência pudesse ser fundada, cumpria estender a ideia de leis naturais aos fenômenos humanos. Enquanto essa condição primeira não fosse preenchida, a aplicação do pensamento aos fatos sociais não podia gerar uma verdadeira ciência positiva e progressista. Se as observações judiciosas ou penetrantes que Aristóteles e Bossuet, Montesquieu e Condorcet fizeram sobre a vida das sociedades não constituíam, apesar disso, uma sociologia, era porque lhes faltava esse princípio fundamental. Ele só podia resultar de um progresso do pensamento filosófico. O preconceito dualista só podia recuar diante de uma afirmação audaciosa da unidade da natureza, e essa própria afirmação só podia ser o coroamento de uma síntese, mais ou menos integral, dos conhecimentos já consolidados pela ciência. Oferecendo a si própria o espetáculo da obra realizada é que a mente humana podia tomar a coragem necessária para levá-la adiante. Se os físicos, os químicos, os biólogos são espíritos positivos é porque, em geral, suas ciências são, faz muito tempo, positivas. A familiaridade com a prática do método em uso nelas, o conhecimento dos resultados obtidos, das leis estabelecidas, basta para educá-los. Mas, para perceber o caráter positivo de uma ciência que não estava feita, para afirmar que uma ordem de fenômenos estava submetida a leis antes que essas leis tivessem sido descobertas, era necessário um filósofo que fosse buscar numa cultura enciclopédica sua fé positiva e a fortalecesse, além do mais, mediante um esboço sumário da ciência, mas sem que esse esboço fosse separável da filosofia geral que lhe sugeriu a ideia e que encontrava nela sua confirmação.

Em outra relação ainda, sociologia e filosofia positiva implicavam-se mutuamente. Com efeito, a afirmação da unidade da natureza não bastava para que os fatos sociais se tornassem matéria de uma ciência nova. Também o monismo materialista postula que o homem está na natureza, mas, ao fazer da vida humana, individual ou coletiva, um simples epifenômeno das forças físicas, torna inútil tanto a sociologia como a psicologia. Desse ponto de vista, os fenômenos sociais, assim como as representações individuais, são como que absorvidos em seu substrato material, que, sozinho, comportaria a investigação científica. Logo, para que a sociologia pudesse nascer, não bastava proclamar a unidade real e do saber; cumpria ainda que essa unidade fosse afirmada por uma filosofia que não desconhecesse a heterogeneidade natural das coisas. Não era suficiente ter estabelecido que os fatos sociais são submetidos a leis; cumpria acrescentar que têm suas leis próprias, específicas, comparáveis às leis físicas ou biológicas, mas sem serem imediatamente redutíveis a estas últimas; cumpria ademais que, para descobrir essas leis, o espírito se dedicasse diretamente ao estudo do reino social, considerasse-o em si mesmo, sem intermediário, sem substituto de nenhum tipo, deixando-lhe toda a sua complexidade. Ora, sabe-se que, para Comte, as diferentes ciências fundamentais são irredutíveis umas às outras, embora seu conjunto forme um sistema homogêneo. A unidade do método positivo não impede sua especificidade. Assim, o simples fato de a sociologia ser incluída entre as ciências naturais garanta sua individualidade, mas o princípio que a garantia supunha evidentemente uma grande comparação com as ciências anteriores, seus métodos e seus resultados, comparação que só podia ser feita ao longo de uma vasta síntese filosófica, como foi a filosofia positiva.

Nascida no interior de uma filosofia, era portanto imprescindível que a sociologia apresentasse, ao nascer, o caráter distintivo de toda disciplina filosófica, ou seja, o gosto pelas visões gerais e de conjunto, e, ao contrário, certa indiferença pelos pormenores dos fatos e pelas pesquisas dos especialistas. Em consequência, era natural que ela se constituísse fora das técnicas especiais, como um modo de especulação autônoma, capaz de se bastar a si mesma. Essa atitude era, aliás, justificada pelo estado em que se encontravam então as ciências, pelo espírito que as animava e que, nesses pontos essenciais, era radicalmente oposto àquele de que procedia a nova ciência. Não é sem razão, com efeito, que Comte acusa a economia política de seu tempo de não ser uma ciência verdadeiramente positiva, de ainda estar toda impregnada de filosofia metafísica, de perder seu tempo em discussões estéreis sobre as noções elementares de valor, utilidade, produção, discussões que lembram, diz ele, "os estranhos debates dos escolásticos da Idade Média sobre as atribuições fundamentais de suas puras entidades metafísicas"[2]. Além disso, a declaração geral dos economistas "sobre o isolamento necessário de sua pretensa ciência em relação ao conjunto da filosofia social" lhe parecia constituir com razão "um involuntário reconhecimento, decisivo, se bem que indireto, da inanidade científica dessa teoria... Pois, pela natureza do tema, nos estudos sociais, como em todos aqueles relativos aos corpos vivos, é imprescindível que os diversos aspectos gerais sejam mutuamente solidários e racionalmente inseparáveis, a ponto de só poderem ser claramente esclarecidos uns pelos outros"[3]. Com efeito, é certo que a noção de lei natural, tal como a

---

2. *Cours de philosophie positive*, IV, p. 215.
3. *Ibid.*, p. 215.

entendia Comte, era alheia à ciência econômica. Os economistas sem dúvida empregaram amplamente a palavra "lei", mas, na boca deles, essa palavra não tinha de forma alguma o sentido que tem nas ciências da natureza. Ela não indicava relações de fatos, objetivamente observáveis entre as coisas, mas conexões puramente lógicas entre conceitos formados de maneira totalmente ideológica. Para o economista, tratava-se não de descobrir o que acontece na realidade, não de investigar como nela efeitos dados derivam de causas também dadas, mas de combinar mentalmente noções totalmente formais, como as de valor, utilidade, raridade, oferta, demanda etc. E a mesma acusação podia ser dirigida às teorias mais em voga sobre o direito e sobre a moral, a de Montesquieu assim como a de Kant.

Portanto, por essas diversas razões, a sociologia só podia tomar consciência de si mesma num pensamento de filósofo, longe das disciplinas específicas e de sua influência. Tal característica dependia de causas profundas demais para que pudesse perder toda razão de ser no dia em que a ciência atingisse um começo de organização. Por isso não espanta encontrá-lo no sucessor imediato de Comte, em Spencer. Que Spencer fez sociologia na qualidade de filósofo é algo plenamente evidente, visto que ele se propôs não estudar os fatos sociais em si mesmos e por si mesmos, mas mostrar que a hipótese evolucionista se verificava no reino social. Porém, por isso mesmo, viu-se em condições de completar ou retificar, no tocante a pontos importantes, as concepções gerais da sociologia comtiana. Embora Comte tivesse integrado definitivamente as sociedades na natureza, o intelectualismo exacerbado de que sua doutrina estava impregnada não se conciliava com o axioma fundamental de qualquer sociologia. Embora a evolução científica determine a evolução política, econômica, moral, estética, é grande a distância entre as explicações sociológicas e aquelas em uso nas outras ciências da natureza, e é difícil não voltar a cair na ideologia. Ao mostrar que, sob formas diversas, uma mesma lei domina o mundo social e o mundo físico, Spencer aproximou mais estreitamente as sociedades do resto do universo; deu-nos a sensação de que, sob os fatos que ocorrem na superfície da consciência coletiva e que são traduzidos pelas obras do pensamento reflexivo, estão em jogo forças obscuras que movem os homens não em virtude de uma simples necessidade lógica, como aquela que liga entre si as sucessivas fases do desenvolvimento científico. Por outro lado, Comte não admitia que houvesse uma pluralidade de tipos sociais; para ele, existia apenas uma sociedade, a associação humana em sua integralidade, e os Estados particulares representavam somente momentos diferentes na história dessa única sociedade. A sociologia via-se, assim, numa situação singular entre todas as ciências, uma vez que tinha como objeto um ser único em seu gênero. Spencer acabou com essa anomalia mostrando que as sociedades, como os organismos, podem ser classificadas em gêneros e em espécies e, independentemente do que valha a classificação que ele propôs, ao menos seu princípio merecia ser conservado e ele sobreviveu. Se bem que elaboradas filosoficamente, essas duas reformas foram conquistas preciosas para a ciência.

Contudo, ainda que esse modo de entender e de fazer a sociologia tenha certamente sido, num momento dado, necessário e útil, essa necessidade assim como essa utilidade eram tão somente provisórias. Para se constituir, e mesmo para fazer seus primeiros progressos, a sociologia precisava se apoiar numa filosofia, mas, para se tornar verdadeiramente ela mesma, era indispensável que adotasse outro caráter.

II

É o que o próprio exemplo de Comte prova, pois, em razão de seu caráter filosófico, verificou-se que a sociologia edificada por ele não satisfazia de forma alguma as condições que ele mesmo exigia de toda ciência positiva.

Com efeito, das duas partes que ele distinguiu nessa ciência, a estática e a dinâmica, tratou apenas da segunda; aliás, de seu ponto de vista, era a mais importante, pois, segundo ele, se existem fatos sociais, distintos dos fenômenos puramente individuais, é sobretudo porque há uma evolução progressiva da humanidade, isto é, porque a obra de cada geração sobrevive a ela e vem se somar à das gerações seguintes. O progresso é o fato social por excelência. Ora, a dinâmica social, tal como ele a expôs, não apresenta em nenhum grau "essa continuidade e essa fecundidade", que, conforme comentário do próprio Comte, constituem "os sintomas menos equívocos de todas as concepções verdadeiramente científicas"[4], pois o próprio Comte a considerava praticamente terminada por ele. Com efeito, ela está toda contida na lei dos três estados, e, uma vez descoberta essa lei, não se vê como seria possível completá-la, estendê-la, e, menos ainda, que leis diferentes poderiam ser descobertas. Mal tinha sido fundada e a ciência já estava concluída. Com efeito, os discípulos de Comte que se aferraram estritamente ao conteúdo da doutrina não puderam fazer mais que reproduzir as proposições do mestre, ilustrando-as às vezes com exemplos novos, mas sem que essas variantes de pura forma tenham alguma vez constituído verdadeiras descobertas. Assim se explica a suspensão do desenvolvimento da escola propriamente comtiana depois de Comte; as

---

4. *Cours*, IV, 214.

mesmas fórmulas foram ritualmente repetidas sem que houvesse nenhum progresso. Uma ciência não pode viver e se desenvolver quando ela se reduz a um único problema no qual um grande espírito deixa, de tempos em tempos, sua marca. Para que progrida, tem de se decompor numa quantidade progressivamente crescente de questões específicas, de maneira a tornar possível a cooperação de diferentes espíritos e de sucessivas gerações. Somente nessa condição ela terá o caráter coletivo e impessoal sem o qual não há pesquisa científica. Ora, a concepção filosófica e unitária que Comte tinha da sociologia opunha-se a essa divisão do trabalho. Por isso sua dinâmica social não passa, no fundo, de uma filosofia da história, com profundidade e novidade dignas de nota, mas construída conforme o modelo das filosofias anteriores. Trata-se de identificar a lei que domina "o movimento necessário e contínuo da humanidade", a única a possibilitar a introdução, na sequência dos acontecimentos históricos, da unidade e da continuidade que lhes faltam. Mas Bossuet não se propunha outro objeto. O método difere, bem como a solução, mas a investigação é de mesma natureza[5].

---

5. *A estática social* consiste num número muito reduzido de teorias, que em suma lembram a *política* filosófica dos séculos anteriores sobre a família, a natureza do laço social e a do governo. Há sem dúvida nela indicações preciosas. Não só a maioria dos modos de agrupamento – clãs, classes, castas, corporações, cidades etc. – não é considerada,

Contudo, apesar daquilo que o fracasso de semelhante tentativa tinha de instrutivo, para a maioria de nossos contemporâneos a sociologia continuou mais ou menos como era para Comte, ou seja, uma especulação essencialmente filosófica. Há cerca de vinte anos assistimos a uma verdadeira eflorescência de literatura sociológica. A produção, outrora intermitente e rara, tornou-se contínua, novos sistemas foram construídos e são construídos todos os dias. Mas são sempre ou quase sempre sistemas em que toda a ciência é reduzida, mais ou menos abertamente, a um único problema. Como em Comte, como em Spencer, ainda se trata de descobrir a lei que domina a evolução social em seu conjunto. Aqui, é a lei da imitação; ali, a lei da adaptação ou a luta pela vida, e, mais especialmente, a luta entre as raças; acolá, é a ação do meio físico etc. Na verdade, quando vemos todos esses trabalhadores em busca da lei suprema, da causa que domina todas as causas, da "chave que abre todas as fechaduras"[6], não po-

---

como também o elemento social fundamental, a família, é concebido como sempre semelhante a ele mesmo; a ideia de uma classificação dos diversos tipos de organização doméstica, que implica a ideia de correlações diversas entre a família e as organizações mais vastas, não passa pela mente de Comte. Portanto, não há matéria para descobertas e a teoria da família finaliza subitamente.

6. A frase é de Tarde (*Lois de l'imitation*, p. v), que a atribui a um filósofo que parece ser Taine. Contudo, seja quem for o autor, ele nos parece bem pouco científico. Não acreditamos haver ciência em que exista uma chave desse gênero. As fechaduras têm de ser abertas, forçadas até, umas depois das outras, e isso laboriosamente.

demos deixar de pensar nos alquimistas de antigamente em busca da pedra filosofal[7].

Longe de ter havido progresso, o que se produziu foi antes um retrocesso. Para Comte, pelo menos, a sociologia era a ciência integral de todos os fatos sociais, pois ela compreendia em si mesma os múltiplos aspectos da vida coletiva, nenhuma categoria de fenômenos estava sistematicamente excluída. Se ele se recusava a ver na economia política uma ciência sociológica, era porque, no seu tempo, ela era tratada com um espírito que nada tinha de científico, era porque ela desconhecia a verdadeira natureza da realidade social; mas ele não pretendia de forma alguma deixar os fatos econômicos fora da sociologia. Portanto, permanecia aberto o caminho para uma posterior divisão do trabalho, para uma especialização crescente dos problemas à medida que o campo da ciência se estendesse e sua complexidade fosse mais bem percebida. Inversamente, entre os sociólogos mais recentes, foi pouco a pouco surgindo a ideia de que a sociologia é distinta das ciências

---

7. Esse é um modo tão inveterado de conceber a sociologia que os trabalhos dos sociólogos são às vezes interpretados como se não pudessem ser concebidos de outra maneira. Assim nos acusaram de querer reduzir tudo à divisão do trabalho porque fizemos um livro sobre esse assunto, ou de querer explicar tudo pela coerção coletiva, quando víamos no caráter coercitivo das instituições apenas um meio – e talvez não o único – de definir os fatos sociais com vistas a determinar o campo de estudo. (E.D.)

sociais; que existe uma ciência social geral que se opõe a essas disciplinas particulares, que tem seu objeto próprio, seu método especial e para a qual é reservado o nome de sociologia. Partindo do fato de que as ciências sociais se constituíram fora das grandes sínteses filosóficas a propósito das quais a palavra "sociologia" foi criada, concluíram que devia haver ali dois tipos de pesquisa claramente diferentes e empenharam-se em diferenciá-las. Se, por um lado, cada ciência social está encerrada numa categoria determinada de fenômenos sociais, disseram que a sociologia, por outro, tem como objeto a vida coletiva em geral; é nessa qualidade de ciência social *geral* que ela constitui uma individualidade distinta.

Mas, para poder expor e discutir com alguma precisão as diferentes tentativas feitas nesse sentido, é necessário distinguir dois sentidos diferentes em que a palavra "geral" foi entendida pelos autores.

No primeiro sentido, a sociologia é dita *geral* porque considera em toda a sua complexidade a realidade social que as ciências particulares dividem e decompõem por abstração; ela é a ciência concreta, sintética, ao passo que as outras são analíticas e abstratas. Na língua dos lógicos, a palavra "geral" é entendida aqui como compreensão; significa que o objeto da pesquisa é considerado com todas as características que lhe pertencem, todos os elementos que o constituem. Assim, para Stuart Mill, a ciência social geral ou sociologia propriamente dita teria como objeto os "estados de sociedade", tal como se sucedem na história dos povos. Ele entende por essa expressão "o estado, num mesmo momento, de todos os fatos ou fenômenos sociais mais importantes"[8], e dá como exemplos o grau de instrução e de cultura moral na comunidade e em cada classe, o estado da indústria, o da riqueza e da distribuição, as ocupações ordinárias da nação, sua divisão em classes, a natureza e a força das crenças comuns, a natureza do gosto, a forma de governo, as leis e costumes mais importantes etc. É o conjunto desses elementos que forma o estado de sociedade, ou, para utilizarmos outra expressão que Mill também emprega, o estado de civilização. Com efeito, Mill afirma que esses elementos não podem se combinar de uma maneira qualquer, mas que existem entre eles correlações naturais em virtude das quais eles só podem se associar segundo uma relação determinada. Caberia à sociologia tratar de dois tipos de problema: ou ela determinaria quais são essas correlações, ou seja, quais são as uniformidades de coexistência de um mesmo estado de sociedade, ou pesquisaria como os sucessivos estados se encadeiam e qual é a lei desse encadeamento. Totalmente diferente seria

---

8. *Logique*, 1. VI, cap. X, § 2. – A distinção dos dois sentidos da palavra "geral" foi bem-feita por Belot em sua Introdução ao livro VI da *Logique* (1897), p. LXXV.

o objeto das ciências sociais particulares. Seu ponto de partida seria o ponto de chegada da sociologia: dado um estado de sociedade, caberia a elas pesquisar que mudanças pode introduzir nele este ou aquele fator determinado; perguntar-se-iam, por exemplo, que efeito teria a supressão da lei sobre os cereais (economia política) ou a abolição da monarquia e a introdução do sufrágio universal (ciência política) sobre um conjunto dado de condições sociais. Desse ponto de vista, a sociologia é tão independente das ciências sociais que exerce sobre estas últimas uma verdadeira preeminência, pois é ela que lhes fornece seus postulados fundamentais, a saber, esses estados de sociedade que servem de base para as deduções dos especialistas. A ela, diz Mill, é "que cabe limitar e controlar as conclusões das pesquisas mais particulares da outra categoria"[9].

Não nos deteremos em mostrar o que essa concepção das ciências específicas tem de insustentável. Manifestamente, Mill as considera segundo o modelo da economia política abstrata e dedutiva que Comte se recusara a incluir entre as ciências positivas. Com efeito, como dar esse nome a uma pesquisa que não tem como objeto um grupo de fatos estabelecidos, dados na realidade, mas que se dedica unicamente a deduzir, de causas conjeturais, efeitos simplesmente possíveis? – No tocante à sociologia

---

9. *Ibid.*, cap. X, § 1.

propriamente dita, a definição que dela dá Mill escapa a essa objeção; os estados de sociedade de que ela deve tratar fazem mesmo parte da realidade. Mas são formados por uma reunião de fenômenos tão diversos que é impossível para uma única e mesma ciência dar conta de uma matéria de tamanha diversidade. Com efeito, num estado de sociedade, entram como elementos o sistema religioso, o sistema jurídico, moral, econômico, técnico, científico etc. de uma sociedade em determinada época. E cada um desses sistemas, por sua vez, é um todo complexo de instituições muito complexas. O sistema religioso, por exemplo, compreende uma profusão de dogmas, de mitos, de ritos, uma organização sacerdotal etc.; o sistema jurídico, códigos mais ou menos numerosos e volumosos, costumes, uma organização judiciária etc. Portanto, um todo tão heterogêneo não poderia ser estudado em bloco como se fosse dotado de uma unidade objetiva. É um mundo infinito do qual apenas se poderá ter uma representação truncada caso se tente abarcá-lo de uma só vez e em seu conjunto, pois, para isso, cumpre resignar-se a percebê-lo em linhas gerais e sumariamente, ou seja, confusamente. Logo, é necessário que cada parte seja estudada separadamente; cada uma delas é suficientemente vasta para servir de matéria para toda uma ciência. Assim, essa ciência geral e única, à qual davam o nome de sociologia, dissolve-se numa multidão de ramos distintos, se bem que solidários;

e as relações que unem entre si os elementos assim decompostos, as ações e as reações que eles exercem uns sobre os outros, só podem ser determinadas com a ajuda de pesquisas que, por estarem situadas na fronteira entre dois ou mais campos, nem por isso deixam de ser específicas. Por exemplo, é aos estudiosos que tratam da economia política ou da religião, e só a eles, que compete pesquisar as relações entre os fenômenos religiosos e os fenômenos econômicos.

Porém, o que talvez seja ainda mais impossível é pôr-se a explicar esses estados de sociedade estabelecendo entre eles uma ordem de filiação. Pois um estado de sociedade não é uma espécie de entidade indivisível que gera o estado que se segue, como é gerado por aquele que o precede. Cada um dos sistemas, e até mesmo cada uma das instituições que servem para formá-lo, tem sua individualidade e depende de condições especiais. Não é o todo que produz o todo, mas cada parte tem sua gênese própria que precisa ser estabelecida separadamente. Por isso, para manter a unidade da pesquisa, Mill é obrigado a admitir, a exemplo de Comte, que, em cada estado de sociedade, há um elemento, sempre o mesmo, que domina todos os outros e que constitui o agente principal do movimento social, "uma corrente mestra em que, de cada elo sucessivo, estariam suspensos os elos correspondentes de todos os outros progressos". Esse elemento privilegiado seria "o estado das faculdades especulativas da raça humana, manifestado na natureza das crenças a respeito dela mesma e do mundo que a cerca, a que ela chegou por caminhos quaisquer"[10]. O problema inextricável que se colocava para o sociólogo vê-se assim singularmente simplificado: a evolução dos estados de sociedade, tomada em toda a sua complexidade, é substituída apenas pela evolução das religiões e da filosofia. Porém, não é necessário demonstrar o que tal postulado tem de arbitrário. Nada nos autoriza a supor que haja um fenômeno social que goze de tal prerrogativa sobre todos os outros; mesmo supondo que, em cada tipo social, haja um sistema de opiniões ou de práticas que desempenha realmente um papel um pouco preponderante, não está absolutamente provado que seja sempre o mesmo, em todos os tempos e em todos os países. A influência das práticas religiosas era antigamente bem mais marcada que a das ideias; a influência do fenômeno econômico variou em sentido inverso. As condições da vida social mudaram demais ao longo da história para que as mesmas instituições pudessem, sempre e em toda parte, conservar a mesma importância. Assim, na série zoológica, além de a função preeminente mudar conforme as espécies, a palavra "preeminência" tem ali apenas uma acepção bastante vaga e um tanto figurada.

---

10. *Logique,* livro VI, cap. X, § 7.

Mas a palavra "geral" é entendida num sentido muito diferente, e quase contrário, por muitos sociólogos que chamam de ciência social geral ou sociologia a ciência social mais abstrata de todas, aquela que, levando a análise o mais longe possível, mais se afasta da realidade complexa e toma como objeto as relações sociais mais simples, aquelas de que todas as outras seriam apenas modalidades ou combinações. Poderíamos dizer que a palavra é empregada aqui em extensão, ou seja, que por *geral* se entende o que é suficientemente indeterminado para ser encontrado em todos os casos particulares. Assim foi que Giddings definiu a sociologia. Ele reconhece que as diversas facetas da vida social já são estudadas nas diferentes ciências econômicas, históricas e políticas. Mas, segundo ele, a questão para o sociólogo não é essa. "A sociedade é um todo? A atividade social é contínua? Existirão certos fatos essenciais, certas causas, certas leis presentes nas comunidades de toda espécie, em todos os tempos, sobre os quais as formas sociais mais específicas se apoiam e as explicam? Se estivermos autorizados a responder afirmativamente, segue-se que essas verdades universais devem ser ensinadas."[11] Estabelecê-las e ensiná-las seria o objeto próprio da sociologia. Por exemplo, a economia política se pergunta como as riquezas são produzidas na sociedade, como circu-

---

11. *The Principles of Sociology*, p. 32.

lam nela; a ciência política estuda o estado orgânico da sociedade, uma vez tendo ela se tornado um Estado constituído. Mas ambas as ciências têm base num fato que elas postulam, mas não estudam: o fato de que existem sociedades, de que "seres humanos se associam". Esse fato é que serviria de matéria para a sociologia. Portanto, ela teria de pesquisar em que consiste a associação humana em geral, abstração feita das formas especiais que ela possa adotar, quais são os fatores de que dependem suas principais características, os elementos mentais a que ela dá origem. Numa palavra, ela seria a ciência "dos princípios gerais", consistiria "numa análise das características gerais dos fenômenos sociais e na determinação das leis gerais da evolução social"[12].

Se nos dissessem simplesmente que, depois de as ciências sociais estarem suficientemente avançadas, caberia comparar os resultados que cada uma delas obteve a fim de depreender as relações mais gerais neles incluídas, é certo que o problema, assim formulado, não teria em si nada de insolúvel. Porém, assim definida, a sociologia não diferiria em natureza das ciências sociais, seu campo seria o mesmo, salvo que ela o abarcaria mais do alto e em seu conjunto. Longe de constituir uma ciência autônoma, ela ficaria, ao contrário, na mais imediata dependência dessas diversas disciplinas das quais deveria

---

12. *Ibid.*, p. 33.

emprestar todos os seus materiais, e ela só poderia progredir à medida que elas próprias progredissem. Portanto, não haveria nenhum motivo para fazer dela uma entidade científica distinta, designada por um vocábulo especial. Mas não é de forma nenhuma assim que Giddings e, com ele, muitos sociólogos atuais entendem essa ciência geral das sociedades. Aliás, não poderiam entendê-la assim sem serem obrigados a reconhecer ao mesmo tempo que a hora da sociologia ainda está distante, pois essas altas generalizações só serão possíveis quando os estudos específicos estiverem mais avançados do que estão hoje. Para eles, porém, essa ciência sintética, longe de estar a reboque das ciências particulares, exerceria, ao contrário, sobre estas últimas uma verdadeira "primazia lógica"; em vez de ser sua conclusão última, forneceria a elas suas bases fundamentais. "Longe de ser tão somente a soma das ciências sociais, é, antes, sua base comum. Seus princípios, que são de grande extensão, são os postulados das ciências específicas."[13] A economia política, a ciência do Estado etc. é que teriam de se apoiar numa outra ciência, pois o estudo das formas mais complexas da vida social só pode ser realizado proficuamente caso já se disponha de uma noção suficiente das formas mais elementares. Ora, é a sociologia, dizem, que trata destas últimas. Portanto, ela pode, deve

---

13. *Ibid.*, p. 33.

bastar-se a si própria. As outras ciências sociais a supõem, mas ela não supõe nenhuma antes dela. Por ela é que devem começar a pesquisa e o ensino[14].

Infelizmente, essas formas elementares não existem em nenhum lugar em estado de isolamento, ainda que relativo, que possibilite sua observação direta. De fato, não se deve confundi-las com as formas primitivas. As sociedades mais rudimentares ainda são complexas, embora de uma complexidade confusa; contêm, perdidos uns nos outros, mas ainda assim reais, todos os elementos que irão se diferenciar e se desenvolver na sequência da evolução. São sociedades muito especiais: constituem tipos particulares, e, aliás, é certo que nem Giddings nem os outros sociólogos que o precederam ou o seguiram por esse caminho pretenderam limitar sua investigação apenas a essas sociedades ou reduzir a sociologia a ser apenas uma etnografia comparada. Essas formas que ele chama de elementares são, como vimos, as formas mais gerais; as duas expressões são empregadas indiferentemente uma pela outra. Ora, trate-se de fenômenos sociais ou de fenômenos físicos, o geral existe apenas no particular. O que denominamos associação humana não é uma sociedade determinada, mas o conjunto das característi-

---

14. Giddings chega a dizer que as ciências sociais diferenciam-se da sociologia assim como esta se diferencia da psicologia, e como a própria psicologia difere da biologia (*ibid.*; cf. pp. 25-6).

cas encontradas em todas as sociedades; portanto, essas características jamais se apresentam ao observador senão inextricavelmente misturadas com as características distintivas dos diversos tipos sociais e mesmo das diferentes individualidades coletivas. Visto que, por outro lado, para separar as primeiras das segundas, descarta-se o método que consistiria em constituir primeiro os tipos particulares e depois extrair, por comparação, o que eles têm em comum, fica-se sem nenhum critério para operar essa dissociação e passa-se a proceder apenas a esmo e de acordo com impressões totalmente pessoais. Certos fatos são destacados, outros são excluídos, porque os primeiros *parecem* essenciais, porque os segundos *parecem* secundários, mas sem que se possa dar dessas preferências ou dessas exclusões qualquer razão objetiva. Assim, quando Giddings se põe a analisar esses elementos primários e gerais, começa por afirmar, como um axioma evidente, "que eles estão todos contidos na base física da sociedade, a população social"[15]. É bem certo que a população é um elemento essencial de qualquer sociedade. Mas, para começar, existe uma ciência especial que estuda as leis da população: é a demografia ou, mais especialmente, o que Mayr chama de demologia. Deverá o sociólogo, para se distinguir do demógrafo, adotar um ponto de vista particular? Ele será sem dúvida

---

15. *The Principles*, etc., p. 79.

forçado a estudar a população fazendo abstração das formas diversas que ela apresenta conforme as sociedades? Nesse caso, então, não haverá muito o que dizer. Por isso Giddings foi de fato obrigado a sair dessas extremas generalidades; falou da distribuição da população nas diferentes sociedades (não civilizadas, semicivilizadas, civilizadas[16]), das diferentes espécies de agrupamento (genéticos, congregativos[17]) etc. Até onde seguir por esse caminho e onde está o limite entre o que compete ao sociólogo e o que cabe às outras ciências? No capítulo III do livro II, sob o título *Composição social*, fala-se dos agrupamentos poliândricos, poligâmicos, das tribos matronímicas, patronímicas, das sociedades à base de aldeias; esse desenvolvimento contém toda uma teoria sobre as origens da família. Portanto, o objeto assim designado à sociologia permanece essencialmente indeterminado; é o próprio sociólogo que o determina, arbitrariamente, conforme a extensão de seus conhecimentos e de seus gostos pessoais. Além disso, ao determiná-lo dessa maneira, é obrigado a avançar no terreno das ciências específicas; se não o fizesse, faltar-lhe-ia material. As questões de que trata não diferem em natureza daquelas que os especialistas tratam; só que, como ele não poderia ter uma competência universal, fica condenado às

---

16. *Ibid.*, pp. 82-7.
17. *Ibid.*, p. 89.

generalidades imprecisas, incertas ou, mesmo, totalmente incorretas. O tratado de Giddings ainda é um dos melhores, talvez até o melhor do gênero. Nele, o autor pelo menos se esforça para circunscrever seu tema, para estudar um número limitado de elementos. Seria muito mais difícil dizer em que consiste, para Tarde, Gumplowicz, Ward e vários outros, o objeto preciso da sociologia e como essa ciência, que no entanto eles distinguem, de fato, das outras ciências sociais, se situa em relação a estas últimas. Aqui, a indeterminação é estabelecida como princípio. Por conseguinte, já não é ciência. Também já não é aquela filosofia metódica que Comte tentou instituir; é um modo muito particular de especulação, intermediária entre a filosofia e a literatura, em que se leva algumas ideias teóricas, muito gerais, a passear por todos os problemas possíveis.

Portanto, não será opondo a palavra "geral" à palavra "específico" que se poderá estabelecer uma linha de demarcação claramente traçada entre a sociologia e as ciências particulares da sociedade. Poderíamos, pois, considerar essa distinção impossível se uma tentativa de realizá-la de acordo com um princípio aparentemente diferente não tivesse sido feita recentemente na Alemanha por Simmel.

De acordo com esse escritor, o que diferencia esses dois tipos de pesquisa é que as ciências específicas estudam o que acontece na sociedade e não a própria sociedade. Os fenômenos de que elas se ocupam (religiosos, morais, jurídicos etc.) produzem-se dentro de grupos, mas os grupos dentro dos quais eles ocorrem devem ser objeto de outra pesquisa, independentemente das precedentes, e que não é senão a sociologia. Os homens que vivem em sociedade perseguem, abrigados na sociedade que formam, toda espécie de fins variados – religiosos alguns, outros econômicos, outros estéticos etc. –, e a matéria das ciências particulares é precisamente os *processos* específicos em virtude dos quais esses fins são alcançados. Mas esses *processos* não são sociais por si mesmos ou, ao menos, têm esse caráter apenas indiretamente e porque se desenrolam em um meio que, este sim, é propriamente coletivo. Logo, as ciências correspondentes não são verdadeiramente sociológicas. Em outras palavras, nesse *complexus* a que damos o nome de sociedade, existem dois tipos de elementos que precisam ser distinguidos com o máximo cuidado: há o conteúdo, isto é, os fenômenos diversos que ocorrem entre os indivíduos associados, e também o continente, isto é, a própria associação no interior da qual se observam esses fenômenos. A associação é a única coisa expressamente social, e a sociologia é a ciência da associação *in abstracto*. "A sociologia deve buscar seus problemas não na matéria da vida social, mas na sua forma... Sobre essa consideração abstrata das formas sociais é que se estabelece todo o direito que a sociologia tem de existir, assim como a geometria deve sua existência à possibilidade de abstrair, das coisas materiais, suas formas espaciais."

Porém, por que meios realizar essa abstração? Dado que toda associação humana se forma visando fins particulares, como isolar a própria associação dos fins variados a que ela serve, de modo a determinar suas leis? "Comparando as associações destinadas aos mais diversos objetivos e depreendendo o que elas têm em comum. Dessa maneira, todas as diferenças apresentadas pelos fins especiais em torno dos quais as sociedades se constituem se neutralizam mutuamente e somente a forma social irá se destacar. Por isso, um fenômeno como a formação dos partidos pode ser observado tanto no mundo artístico como nos meios políticos, na indústria como na religião. Portanto, se pesquisarmos o que se repete em todos esses casos, apesar da diversidade dos fins e dos interesses, poderemos obter as espécies e as leis desse modo particular de agrupamento. Esse mesmo método nos possibilitaria estudar a dominação e a subordinação, a formação das hierarquias, a divisão do trabalho, a concorrência etc."[18]

Não se poderia, decerto, contestar à sociologia o direito de se constituir por abstração; não existe

---

18. "Comment les formes sociales se maintiennent", in *Année sociologique*, 1, p. 72. Cf., do mesmo autor, *Über sociale Differenzierung*, Leipzig, 1890, pp. 10-20, e "Le problème de la sociologie", in *Revue de métaphysique*, ano II, p. 497.

ciência que se constitua de outra maneira. Contudo, é necessário que as abstrações sejam conduzidas metodicamente, que dividam as coisas segundo suas articulações naturais. Para classificar fatos em categorias distintas e, sobretudo, para designá-los a ciências diferentes, cumpre ainda que eles não sejam de mesma natureza e não se impliquem mutuamente a ponto de serem inexplicáveis uns sem os outros. Para justificar a definição da sociologia que nos é proposta, não basta, portanto, evocar o exemplo das ciências que procedem por abstração, é necessário provar que a abstração a que se recorre é conforme à natureza das coisas.

Ora, com que direito se separa tão radicalmente o continente e o conteúdo da sociedade? De fato, é perfeitamente correto dizer que nem tudo o que ocorre na sociedade é social, mas o mesmo não se pode dizer, reconhece-se, de tudo o que se produz na sociedade *e por meio dela*. Para que haja fundamento em excluir da sociologia os diversos fenômenos que constituem a própria trama da vida social, seria portanto preciso ter estabelecido que eles não são obra da comunidade, mas que, apesar de provir de outras origens, vêm preencher e utilizar os quadros que a sociedade lhes oferece. Ora, é difícil entender por que as tradições coletivas, as práticas coletivas da religião, do direito, da moral, da economia política, seriam coisas menos sociais que as formas exteriores da coletividade. Por menor que seja o contato com esses fatos, é impossível, ao contrário, não sentir presente neles a mão da sociedade que os elabora e cuja marca eles trazem ostensivamente. Eles são a própria sociedade, viva e atuante, pois é por seu direito, sua moral, sua religião etc. que uma sociedade se caracteriza. Portanto, não há fundamento em excluí-los da sociologia. Uma oposição tão marcada entre o continente e o conteúdo da sociedade é, aliás, particularmente inconcebível do ponto de vista em que Simmel se coloca. Se, como outros sociólogos, ele admitisse que a sociedade, como corpo, tem um modo de ação próprio e que não se confunde com as interações individuais, as formas da associação poderiam ser consideradas o resultado dessa ação *sui generis*; consequentemente, não haveria nenhuma contradição em elas poderem ser estudadas, abstração feita da matéria a que elas se aplicam, porque não proviriam dela. Mas acontece, justamente, que Simmel rejeita essa concepção. Para ele, a sociedade não é uma causa atuante e produtiva[19], é

---

19. Existe ai, no pensamento do autor, uma contradição que nos parece insolúvel. Segundo ele, a sociologia deve compreender tudo o que se produz *pela sociedade*, o que parece implicar certa eficácia da coletividade. Por outro lado, ele lhe recusa essa eficácia; para ele, ela não passa de um produto. No fundo, essas formas sociais de que ele fala não têm realidade por si mesmas, são apenas o esquema das interações individuais subjacentes. São independentes apenas na aparência (ver *Année sociol.*, 1, 74, e *Über sociale Differenzierung*, p. 13). Como, então, atribuir a ciências distintas o que só é diferente e independente para uma observação superficial e errônea?

apenas o resultado das ações e reações trocadas entre as partes, ou seja, entre os indivíduos. Em outras palavras, é o conteúdo que determina o continente, é a matéria que produz a forma. Mas, então, como seria possível entender seja o que for dessa forma fazendo abstração dessa matéria que constitui toda a realidade dela?

Tal abstração não só nada tem de metódica, já que seu efeito é separar coisas essencialmente inseparáveis, como também o abstrato que assim se obtém carece de qualquer determinação. À primeira vista, poderíamos crer que, por *formas sociais ou formas da associação,* Simmel entende o aspecto morfológico das sociedades, isto é, sua base geográfica, a massa e a densidade da população, a composição dos grupos secundários e sua distribuição no espaço social: esse, com efeito, parece ser o continente da sociedade e o termo assim empregado teria um sentido definido. Contudo, se nos remetermos aos exemplos que o próprio Simmel dá para ilustrar seu pensamento, veremos que a palavra tem para ele uma acepção totalmente diversa: a divisão do trabalho, a concorrência, o estado de dependência dos indivíduos em relação ao grupo, a imitação, a oposição não são de forma alguma fenômenos morfológicos. Em última instância, até onde é possível precisar um conceito que no fundo permanece muito ambíguo, parece que, por formas sociais, se deve simplesmente entender os tipos mais gerais das relações de todo tipo que se estabelecem no interior da sociedade. Sob certos aspectos, podem ser comparadas a moldes, cujas relações mais particulares reproduzem a forma e, por conseguinte, constituem a matéria: assim se explicariam as expressões empregadas. Percebe-se, porém, que são puras metáforas, cuja exatidão é bastante discutível. Na realidade, não temos aí um continente e um conteúdo, mas dois aspectos da vida social, um mais geral, outro mais específico; e, assim, voltamos, sob uma forma levemente diferente, à concepção que diferencia a sociologia das ciências sociais pela generalidade desigual de seu objeto.

Vimos, porém, as objeções que essa concepção suscita; nesse caso, elas são ainda mais importantes. Além da dificuldade de entender por que fatos de mesma natureza deveriam ser classificados em gêneros diferentes e atribuídos a ciências distintas pela simples razão de não serem igualmente gerais, nenhuma regra, nenhum critério objetivo permite determinar o grau de generalidade que um fenômeno deve ter para que possa ser considerado sociológico. Deveria ser encontrado em todas as sociedades ou somente em algumas, em todas as esferas da vida coletiva ou em várias? Uma forma de organização que é observada somente num número reduzido de povos, como a instituição das castas, ou que é específica de um único órgão da sociedade, como a divisão dos fiéis de uma igreja em sujeitos consagrados e simples laicos, deverá ser excluída da sociologia, por mais essencial que possa ser? Não há meio de responder a essas perguntas; o que decide é a imaginação do autor. De acordo com suas tendências e o modo como ele vê as coisas, ele amplia ou encolhe o círculo dos fatos sociais. Embora as sociedades secretas sejam particulares de meios sociais bem determinados, considera-se "que elas levantam um problema sociológico [...] desde que se tenha uma ideia suficientemente ampla das formas da sociedade"[20]. A organização política já é uma forma específica de organização social, a própria aristocracia é uma forma específica de organização política, no entanto, a aristocracia é incluída entre os objetos da sociologia. Aliás, uma vez que se reivindica para o sociólogo o direito de estudar, além da forma geral de associação, as determinações que ela assume "sob a influência da matéria particular na qual se realiza", pode-se fazer recuar os limites da ciência indefinidamente, até incluir, se o desejarem, quase todo o conteúdo que devia ser tão cuidadosamente excluído dela, pois as relações de que ele é feito são determinações desses vínculos mais gerais denominadas formas, da mesma maneira que estas exprimem o que há de mais geral naquelas. Então, onde se deve parar? Assim, sob o pretexto de circunscrever estrita-

---

20. "Le problème de la sociologie", in *Revue de métaphysique*, pp. 501-2, nota. Todas as citações a seguir foram tomadas da mesma passagem.

mente o campo da pesquisa, ele fica entregue ao arbítrio, a todas as contingências dos temperamentos individuais. Suas fronteiras não só são flutuantes, como tampouco se entende por que deveriam ser situadas num lugar e não noutro. Aliás, essa extrema indeterminação, que reprovamos em Simmel, não está simplesmente implicada, de maneira lógica e totalmente virtual, em seus princípios; na verdade, ela caracteriza todos os seus trabalhos. Os problemas neles abordados não se referem a categorias de fatos determinados, mas são temas gerais de meditação filosófica. Cada estudo é um apanhado total da sociedade considerada sob um aspecto particular. De um lado, a sociedade é estudada do ponto de vista da diferenciação, de outro, do ponto de vista de sua conservação[21], de outro ainda, do ponto de vista da divisão dos indivíduos em superiores e subordinados[22]. Conforme os acasos da inspiração, as questões tratadas se estendem ou se contraem, graças à imprecisão delas; os mais diversos e disparatados fatos veem-se relacionados. Nessas condições, entende-se que não poderia haver prova regular, pois a prova só é possível na medida em que o cientista trata de um objeto definido.

Portanto, seja qual for a maneira pela qual se aborde a questão, separar a sociologia das ciências

---

21. "Comment les formes sociales se maintiennent."
22. "Superiority and Subordination", in *American Journal of Sociology*, 1896.

sociais é separá-la ou, pelo menos, afastá-la da realidade, é reduzi-la a ser apenas uma filosofia formal e vaga e, por conseguinte, tirar dela as características distintivas de toda ciência positiva. É certamente a essa separação contranatura que deve ser atribuído o estado alarmante em que se encontram hoje os estudos sociológicos. Com efeito, não podemos ignorar que, apesar da relativa abundância da produção, eles dão a impressão de patinar sem sair do lugar, o que, ao se prolongar, poderia desacreditá-los. Cada sociólogo se atribui o objetivo de fazer uma teoria completa da sociedade. Ora, sistemas de tamanha amplitude evidentemente não podem consistir apenas em concepções mentais que, seja qual for seu interesse, têm, no mínimo, o grave inconveniente de depender tão estreitamente da personalidade, do temperamento de cada autor, que dificilmente dele podem se distinguir. Por conseguinte, já que cada pensador fica encerrado em sua própria doutrina, qualquer divisão do trabalho, assim como qualquer continuidade na pesquisa se tornam impossíveis e, portanto, também qualquer progresso. Pois, para que se chegue pouco a pouco a dominar uma realidade de tamanha extensão e tamanha complexidade, é necessário que, a cada momento do tempo, a tarefa esteja distribuída entre o maior número possível de trabalhadores e que até as sucessivas gerações possam cooperar. Ora, essa cooperação só é possível se os problemas saírem dessa generalidade indivisa para se diferenciar e se especializar.

III

Portanto, o que o estado atual da sociologia nos ensina não é de forma alguma que a concepção comtiana era estéril, que a ideia de uma ciência positiva das sociedades, comparável à biologia, deva ser abandonada. Muito pelo contrário, essa ideia conserva ainda hoje seu valor e é preciso aderir a ela decididamente. Contudo, para que ela seja fecunda, é necessário aplicá-la à matéria que convém, isto é, à totalidade dos fatos sociais sem exceção. Não cabe isolar este ou aquele aspecto para fazer dele o objeto especial da nova ciência, assim como a biologia não trata de determinado aspecto dos fenômenos vitais e não de outro. A sociologia nada é se não for a ciência das sociedades consideradas simultaneamente em sua organização, em seu funcionamento e em seu devir. Tudo o que entra na sua constituição ou na trama de seu desenvolvimento compete aos sociólogos. Essa profusão de fenômenos evidentemente só pode ser estudada graças a certa quantidade de disciplinas específicas, entre as quais os fatos sociais são divididos, que se completam umas às outras. Por conseguinte, a sociologia só pode ser o sistema das ciências sociológicas.

Mas isso não significa que ela seja apenas um vocábulo novo aposto a uma categoria de coisas há muito tempo existentes e que a reforma comtiana seja puramente verbal. A palavra "sociologia" resume e implica todo um conjunto de ideias novas, a saber, que os fatos sociais são mutuamente solidários e sobretudo que devem ser tratados como fenômenos naturais, submetidos a leis necessárias. Dizer que as diferentes ciências sociais devem se tornar ramos particulares da sociologia é, portanto, afirmar que elas mesmas devem ser ciências positivas, abrir-se para o espírito de que procedem as outras ciências da natureza, inspirar-se nos métodos que nelas são utilizados, conservando ao mesmo tempo sua autonomia própria. Ora, elas nasceram fora do círculo das ciências naturais. Anteriores ao surgimento da ideia sociológica, viram-se, por isso mesmo, subtraídas a sua influência. Logo, integrá-las na sociologia não é, simplesmente, impor-lhes uma nova denominação genérica, é marcar que elas devem orientar-se numa nova direção. Trata-se de fazer essa noção de lei natural, que Comte teve a glória de estender ao reino social em geral, penetrar no detalhe dos fatos, de aclimatá-la a essas pesquisas específicas das quais estava primitivamente ausente e em que não pode se introduzir sem determinar uma completa renovação. Cremos que esta seja a tarefa atual do sociólogo e que seja também o verdadeiro meio de dar continuidade à obra de Comte e de Spencer, porquanto significa conservar seu princípio fundamental, valorizando-o, contudo, pelo simples fato de aplicá-lo não mais a uma categoria restrita, e escolhida de forma mais ou menos arbitrária, de fenômenos sociais, mas à vida social em toda a sua extensão.

Longe de tal empresa reduzir-se a um mero enriquecimento do vocabulário, seria bem mais correto temer, pelo que as primeiras aparências indicam, que ela dificilmente se realize antes de um futuro longínquo. Com efeito, dado o antagonismo original entre a sociologia e as ciências ditas sociais (história, economia política etc.), poderia parecer que estas não são capazes de adquirir um caráter sociológico sem uma verdadeira revolução que fizesse tábula rasa de tudo o que existe, para tirar do nada todo um corpo de ciências ainda inexistentes. Se tivesse de ser essa a tarefa do sociólogo, ela seria singularmente árdua e com um resultado incerto. Porém, o que a facilita, o que até permite esperar resultados próximos, são as mudanças que se produziram espontaneamente nos últimos cinquenta anos nas ideias diretoras em que os especialistas se inspiram. Eles começaram, por conta própria, a se orientar num sentido sociológico. Nesses meios particulares, foi feito um trabalho muito importante, que, embora não seja obra de sociólogos propriamente ditos, certamente se destina a afetar profundamente o desenvolvimento futuro da sociologia. É preciso tomar consciência disso, pois, além de essa evolução espontânea provar a possibilidade do progresso cuja urgência mostramos, permite compreender melhor como ele deve e pode se realizar.

Primeiramente, não é necessário demorar-se muito lembrando a grande transformação pela qual passou o método histórico neste século. Além dos acontecimentos particulares e contingentes, cuja sucessão constitui a história aparente das sociedades, os historiadores foram procurar algo mais fundamental e mais permanente a que suas pesquisas pudessem se dedicar de forma mais sólida. São as instituições. Com efeito, as instituições estão para esses incidentes exteriores como, no indivíduo, a natureza e o modo de funcionamento dos órgãos estão para as condutas de todo tipo de que nossa vida cotidiana está repleta. Já por essa razão, a história deixa de ser um estudo narrativo e se abre para a análise científica. Pois os fatos que estavam ou eliminados ou relegados a segundo plano são, de todas as manifestações coletivas, os mais refratários à ciência, sendo essencialmente próprios a cada individualidade social considerada num momento dado de sua carreira. Carecem de análogos tanto de uma sociedade para outra como numa mesma sociedade. As guerras, os tratados, as intrigas das cortes ou das assembleias, os atos dos homens de Estado são combinações nunca semelhantes a si mesmas; portanto, só é possível narrá-las, e, com ou sem razão, não parecem proceder de nenhuma lei definida. Em todo caso, pode-se dizer com certeza que, se essas leis existem, são das mais difíceis de descobrir. As instituições, ao contrário, ao mesmo tempo que evoluem, conservam seus traços essenciais por longos períodos e até, às vezes, durante toda uma mesma existência coletiva, pois exprimem o que há de mais profundamente constitucional em toda organização social. Por outro lado, uma vez desembaraçadas desse revestimento de fatos particulares que dissimulavam a estrutura interna das instituições, constatou-se que essa estrutura, embora variasse em maior ou menor medida de um país para outro, apresentava similitudes marcantes em sociedades diferentes; cotejos tornavam-se assim possíveis e surgiu a história comparada. Os germanistas e os romanistas alemães, Maurer, Wilda etc., estabeleceram concordâncias entre as leis dos diversos povos germânicos, dos germanos e dos romanos. Pela comparação dos textos clássicos relativos à organização das cidades gregas e latinas, Fustel de Coulanges chegou a constituir, em suas linhas essenciais, o tipo abstrato da cidade. Em Sumner Maine, o campo das comparações, ainda mais extenso, compreendeu, além da Grécia e da Itália, a Índia, a Irlanda, os países eslavos, e similitudes insuspeitadas se revelaram entre povos até então considerados como não tendo traços comuns.

Nada comprova melhor a importância das transformações científicas que acabamos de assinalar do que a evolução realizada no século XIX pela economia política. Sob a influência de diferentes ideias – mal definidas, aliás –, mas que é possível reduzir a dois tipos principais, ela perdeu, entre os economistas alemães, algumas das características que permitiam a Comte opô-la à sociologia como o tipo das construções ideológicas. Para estabelecer a legitimidade do protecionismo e, mais genericamente, da ação econômica do Estado, List reagiu ao mesmo tempo contra o individualismo e contra o cosmopolitismo da economia liberal; o *Système national d'économie politique* [Sistema nacional de economia política] tem por princípio que entre a humanidade e o indivíduo há a *nação*, com sua língua, sua literatura, suas instituições, seus costumes, seu passado. A economia clássica forjou um mundo econômico que não existe, a *Güterwelt*, mundo isolado, por toda parte idêntico a si mesmo e no qual o conflito das forças puramente individuais se resolveria segundo leis econômicas inelutáveis. Na realidade, é no interior de coletividades totalmente diferentes umas das outras que os indivíduos fazem esforços para enriquecer, e a natureza desses esforços muda, e seu sucesso não é o mesmo conforme as características da coletividade em que se manifestam. A consequência prática desse princípio é que o Estado, pelas reformas que introduz, por sua política externa, age sobre a conduta econômica dos indivíduos; a consequência teórica é que as leis econômicas variam de um povo para o outro e que, portanto, uma *economia nacional*, apoiada na observação, deve substituir a economia abstrata e *a priori*. É certo que o conceito de *nação* é uma ideia mística, obscura, e a própria definição da economia nacional exclui a possibilidade de verdadeiras leis científicas, porque concebe seu objeto como único e exclui a comparação. Contudo, List fez um progresso importante ao introduzir na especulação econômica a ideia de que a sociedade é um ser real e que as manifestações de sua vida própria mantêm, com os fenômenos econômicos, relações de reação recíproca.

O *socialismo da cátedra*, que também busca fundamentar teoricamente sua concepção política do papel do Estado, retomou e aperfeiçoou a ideia de List: não basta dizer que a atividade econômica dos indivíduos depende dos fenômenos sociais, cumpre acrescentar que é somente por abstração que se pode falar de atividade econômica individual. O que é real é a *Volkswirtschaft*, a atividade econômica da sociedade, que tem seus fins próprios tanto em questões econômicas como em questões morais ou jurídicas. Essa *Volkswirtschaft* é o objeto imediato da ciência econômica: esta se ocupa essencialmente dos interesses sociais e, apenas por consequência, dos interesses individuais. Aqui, embora a economia política ainda conserve um caráter mais normativo que especulativo, é ao menos concebida claramente como uma ciência social, tendo por objeto fenômenos propriamente sociais, de mesma natureza que as instituições jurídicas, os costumes, às quais já se reconhecia que estavam vinculados por uma relação de interdependência.

Outro progresso, solidário do primeiro, deu-se ao mesmo tempo. O espírito histórico se interessa por todos os traços particulares que distinguem umas das outras as sociedades e as épocas: portanto, a *economia nacional* tinha de encontrar na história argumentos contra as teorias universalistas da Escola Clássica: desde as suas origens, List invoca o método histórico. E, por outro lado, o fundador da Escola Histórica, Roscher, não separa o estudo dos fatos econômicos do estudo dos fatos jurídicos em particular e dos fatos sociais em geral: a língua, a religião, a arte, a ciência, o direito, o estado e a economia são os diversos aspectos de um todo, que é a vida nacional. Mas essa escola teve sobre a evolução da economia política uma influência original: adotou uma atitude mais claramente especulativa e, sem jamais ter renunciado completamente a ver na pesquisa histórica um meio de julgar o valor de uma ação política determinada em circunstâncias dadas, interessou-se pelos fatos distantes no espaço ou no tempo, esforçou-se em estudá-los apenas para compreendê-los. Introduziu em certa medida a comparação na história econômica: entre seus representantes mais recentes, um deles, Schmoller, formulou claramente a ideia de que as leis econômicas são leis indutivas, outro, Bücher, esboçou uma classificação dos *regimes econômicos*, constituindo assim os tipos abstratos aos quais pertenceriam, por sua organização econômica, todos os povos atuais ou passados. Ambos, e em particular o último, já não se contentam em estudar as sociedades históricas e já pedem à etnografia algumas informações sobre o estado econômico das sociedades inferiores.

Mas o que constitui a grande novidade do século é, muito mais que essa renovação da história e da economia, o surgimento de todo um corpo de disciplinas novas que, pela própria natureza dos problemas que elas se colocavam, foram levadas desde o começo a estabelecer princípios e a praticar métodos até então ignorados.

Primeiro, foram essas duas ciências conexas, a antropologia ou a etnografia de um lado, a ciência ou a história das civilizações do outro. No início do século, Humboldt, apoiando-se nos fatos já reunidos, tinha proclamado, como um axioma fundamental, a unidade da mente humana, o que implicava a possibilidade de uma comparação entre os diferentes produtos históricos da atividade humana. Uma vez admitido esse postulado, foi-se naturalmente levado, para estabelecer a unidade das diversas civilizações humanas, a estudá-las e a classificá-las, bem como as raças e as línguas. Foi a obra de Klemm na Alemanha na sua *Kulturgeschichte* [História da cultura], de Prichard na Inglaterra na sua *History of Man* [História do homem]. A constituição da arqueologia pré-histórica, ao confirmar de forma evidente que a raça humana muito antiga teve de passar em todo lugar por um estado próximo daquele em que ficaram os selvagens atualmente observáveis, veio ampliar ainda mais o campo desses estudos e fortalecer seus métodos. O que ficava assim demonstrado já não era apenas a unidade da mente humana, mas a identidade relativa da evolução humana. Dado o primeiro impulso, as descobertas da etnografia se multiplicaram, chamando a atenção para notáveis similitudes entre os mais diversos povos. Era o que já se constatava nas enciclopédias parciais de Schoolcraft[23], de Bancroft[24], mas foi o que pôs sobretudo em evidência a grande obra de Waitz Gerland[25], em que se encontra sintetizado o trabalho etnográfico e antropológico de toda uma época.

Contudo, essas sínteses eram quase exclusivamente descritivas. Foi a respeito dos fenômenos jurídicos que se fez a primeira tentativa de sistematização explicativa. As descobertas relativas à história da família contribuíram, em grande medida, para esse resultado. Por mais contestáveis que fossem de certos pontos de vista as teorias de Bachofen, de Morgan, de Mac Lennan etc., elas provavam de modo evidente a existência de formas familiares muito diferentes daquelas conhecidas até então, e ao mesmo tempo sua generalidade. Não era um fato desconsiderável a notável identidade das nomenclaturas de parentesco na Austrália e entre os peles-vermelhas da América do Norte. As semelhanças entre os clãs

---

23. *History, Condition, and Prospects of the Indian Tribes of the United States*, 1851.
24. *The Native Races of the Pacific States of North-America.*
25. *Anthropologie der Naturvölker*, 1858-1872.

iroqueses e as *gentes* romanas, ainda que tenham sido exageradas por Morgan, não eram no entanto puramente fictícias. Similitudes do mesmo gênero foram constatadas no direito criminal, no direito de propriedade. E assim se fundou uma Escola de Direito Comparado, que se atribuiu como tarefa precisamente registrar essas concordâncias, classificá-las sistematicamente e tentar explicá-las. É a Escola da *jurisprudência etnológica* ou da *etnologia jurídica* da qual Hermann Post pode ser considerado o fundador e à qual também estão vinculados os nomes de Kohler, Bernhoeft e mesmo Steinmetz.

O estudo das religiões passou por uma evolução quase idêntica. Com a ajuda da gramática comparada, Max Müller havia fundado uma "mitologia comparada", mas esse estudo comparativo ficou por muito tempo limitado apenas às religiões históricas dos povos arianos. Foi sob a influência da etnografia e da antropologia (ou etnologia, como dizem os ingleses) que o campo da comparação se estendeu. Muitos cientistas, Mannhardt na Alemanha, Tylor, Lang, Robertson Smith, Frazer, Sidney Hartland na Inglaterra, Wilken na Holanda, reuniram uma quantidade considerável de fatos que tendiam a demonstrar a uniformidade das crenças e das práticas religiosas em toda a humanidade. Munidos da teoria da *sobrevivência*, os mesmos autores anexaram à ciência comparada das religiões, de uma só vez, toda a massa de fatos que a *Folklore* ou a *Volks-*

kunde dos alemães observava, registrava e comparava desde o começo do século e que, por isso, ganhou uma significação nova. Os costumes agrários de nossos países, as práticas mágicas, as ideias sobre os mortos, os contos e as lendas apareceram como resíduos de antigos cultos e de antigas crenças. Assim, as religiões das sociedades mais altamente civilizadas e as das tribos mais inferiores foram relacionadas umas com as outras e serviram para se explicar mutuamente.

O que se depreendia de todas essas pesquisas era que os fenômenos sociais já não podiam ser considerados o produto de combinações contingentes, de vontades arbitrárias, de circunstâncias locais e fortuitas. Sua generalidade demonstra que eles dependem essencialmente de causas gerais que, onde quer que estejam presentes, produzem seus efeitos, sempre os mesmos, com uma necessidade igual à das outras causas naturais. A jurisprudência etnológica, diz Post, "descobriu, na vida jurídica de todos os povos da natureza, extensos paralelismos que não podem ser reduzidos a encontros puramente acidentais, mas devem ser considerados emanações da natureza humana em geral. Essa descoberta confirma uma das proposições mais fundamentais da etnologia moderna, ou seja, de que não somos nós que pensamos, mas que o mundo pensa em nós"[26].

---

26. *Grundriss der ethnologischen Jurisprudenz*, I, p. 4.

Aliás, a própria análise histórica, tendo se tornado mais penetrante, acaba reconhecendo o caráter impessoal das forças que dominam a história. Sob a ação, que antes era tida como preponderante, dos príncipes, dos homens de Estado, dos legisladores, das individualidades geniais de toda sorte, descobriu-se a ação, muito mais decisiva, das massas. Compreendeu-se que uma legislação é apenas a codificação de usos e costumes populares, que ela não viveria se não mergulhasse suas raízes no espírito dos povos e que, por outro lado, os usos, os costumes, o espírito dos povos não são coisas criadas livremente mas são obra dos próprios povos. Chegou-se até a atribuir um papel importante às coletividades num terreno que no entanto poderia ser visto, e não sem razão, como mais especificamente reservado aos indivíduos, ou seja, na arte e na literatura: monumentos literários como a Bíblia, como os poemas homéricos e outras grandes epopeias nacionais foram atribuídos a uma multidão obscura e indeterminada de colaboradores anônimos. Mas, se os povos têm uma maneira própria de pensar e de sentir, essa vida mental pode se tornar objeto de ciência, assim como a dos indivíduos. Portanto, nasceu uma ciência nova na Alemanha, visando estudar os produtos dessa atividade psicológica especial; é a *Voelkerpsychologie* ou psicologia dos povos, cujos fundadores foram Lazarus e Steinthal. E por mais pobres que possam ser considerados os resultados obtidos por esses pesquisadores, a tentativa deles não deixava de ser, por si mesma, um fato significativo[27].

Enfim, uma ciência que apenas começava a aparecer no momento em que o *Curso de filosofia positiva* foi escrito, mas que nestes últimos trinta anos desenvolveu-se consideravelmente, veio dar a essas concepções uma importante contribuição: é a estatística. Com efeito, a estatística prova a existência dessas forças gerais e impessoais medindo-as. A partir do dia em que ficou estabelecido que cada povo tem uma natalidade, uma nupcialidade, uma criminalidade etc. que podem ser numericamente avaliadas, que ficam constantes enquanto as circunstâncias forem as mesmas, mas que variam de um povo para outro, fica evidente que essas diferentes categorias de atos – nascimentos, casamentos, crimes, suicídios etc. – não dependem apenas da vontade caprichosa dos indivíduos, mas exprimem também estados sociais, permanentes e definidos, cuja intensidade pode ser medida. A matéria da vida social, no que ela parecia ter de mais fluido, ganhava assim uma consis-

---

[27]. Deve-se evitar confundir a *Voelkerpsychologie* dos alemães com o que é frequentemente chamado na França e na Itália de psicologia social. Entre nós, este último termo serve para designar trabalhos bastante indeterminados em que se estuda a psicologia das multidões e também generalidades de toda sorte; às vezes a expressão é tomada como sinônimo de sociologia. A *Voelkerpsychologie* é, ao contrário, um estudo com um objeto definido: trata-se de pesquisar as leis do pensamento coletivo através de suas manifestações objetivas, notadamente as mitologias e a linguagem. (Ver a *Voelkerpsychologie* muito recente de Wundt.)

tência e uma solidez que convocava muito naturalmente a investigação científica. Ali onde, por muito tempo, tinham visto apenas atitudes isoladas, sem vínculos entre elas, estava-se em presença de um sistema de leis definidas. Era o que já exprimia o próprio título do livro em que Quételet expôs os princípios fundamentais da estatística moral: *Du système social et des lois qui le régissent* [Do sistema social e das leis que o regem].

IV

Por mais rápido e incompleto que esse quadro seja, conclui-se que agora a ideia sociológica já não é completamente monopólio dos sociólogos. Com efeito, é evidente que as diversas iniciativas científicas que acabamos de expor encaminham-se cada vez mais para a mesma concepção, pois, implícita ou explicitamente, todas se baseiam no princípio de que os fenômenos sociais obedecem a leis e que essas leis podem ser determinadas. A especialização de que a sociologia precisa para se tornar uma ciência realmente positiva não constitui, portanto, uma espécie de grande obra, sem nenhum antecedente histórico; ao contrário, é a consequência natural de todo um movimento. Não se trata de forma alguma de inventar e criar peça por peça sabe-se lá que disciplinas até então desconhecidas; basta, em grande parte, desenvolver algumas das ciências existentes na direção para a qual elas tendem espontaneamente.

Porém, por mais real que seja essa evolução espontânea, o que resta fazer não deixa de ser considerável. A obra necessária está preparada, mas não realizada. Por estarem mais estreitamente em contato com os fatos, os cientistas especialistas têm um sentimento mais vivo da diversidade das coisas e de sua complexidade e, portanto, estão menos inclinados a se contentar com fórmulas simplistas e explicações fáceis; em contraposição, por não terem previamente tido uma visão de conjunto do terreno a explorar, andam um pouco a esmo, sem se dar conta do objetivo a alcançar nem da estreita solidariedade que os une e que faz deles colaboradores de uma mesma obra. Daí resulta que, em muitos aspectos, eles não tenham de sua ciência uma concepção realmente adequada a seu objeto.

Em primeiro lugar, pelo fato de essas diferentes disciplinas terem se constituído isoladamente umas das outras e quase sem se conhecer, o modo como dividiram entre si o mundo social nem sempre está em harmonia com a natureza das coisas. Assim, por exemplo, a geografia e a demologia (ou ciência da população) permaneceram até recentemente estranhas uma à outra, e estão apenas começando a se penetrar. Contudo, ambas estudam o mesmo objeto, ou seja, o substrato material da sociedade, pois o que constitui essencialmente o corpo da sociedade, senão o espaço social com a população que ocupa esse espaço? Há aí duas ordens de fatos inextricavelmente ligadas: uma sociedade é mais ou menos densa conforme se espalhe por um território mais ou menos extenso, segundo a forma desse território, segundo a quantidade ou a direção dos cursos d'água, segundo a disposição das cadeias de montanhas etc. Por outro lado, as formas externas dos grupos sociais variaram no tempo e é o historiador que, em geral, estuda essas variações. Por exemplo, a origem e o desenvolvimento dos agrupamentos rurais e urbanos é um problema geralmente tido como pertencente à história. No entanto, para entender bem a natureza e a função atual desses grupos, questões de que o demólogo trata, é indispensável conhecer sua gênese e as condições dessa gênese. Há, portanto, todo um conjunto de estudos históricos que são inseparáveis da demologia e, portanto, também da geografia social. Mas não é apenas pelo belo ordenamento da ciência que interessa tirar essas pesquisas fragmentadas de seu estado de isolamento; em consequência de sua aproximação, aparecem problemas novos que, de outra forma, permaneceriam insuspeitados. Foi o que demonstrou a tentativa de Ratzel, que se caracteriza precisamente pela ideia sociológica de que procede. Uma vez que esse geógrafo era ao mesmo tempo etnógrafo e historiador, pôde perceber, por exemplo, que as diversas formas pelas quais passaram as fronteiras dos povos podiam ser classificadas em certo número de tipos diferentes, cujas condições buscou determinar em seguida. Portanto, seria possível reunir numa única e mesma ciência todas as várias pesquisas relacionadas com o substrato material da sociedade; propusemos, em outro lugar[28], dar a essa ciência o nome de *Morfologia social*. – Inversamente, seria fácil mostrar que outras disciplinas, que mantêm entre si apenas relações indiretas, são confundidas e formam um amálgama desprovido de qualquer unidade. Quem conseguiria dizer com precisão em que consiste a *Kulturgeschichte* dos alemães, ou a *Voelkerpsychologie* ou a *Volkskunde* deles? Como é que pesquisas tão compósitas, formadas de elementos tão disparatados, poderiam praticar um método minimamente definido? Porque a natureza de um método, por estar sempre em relação direta com a natureza de seu objeto, não poderia ter mais precisão do que ele.

Mas esse mesmo estado de dispersão tem outra consequência, talvez mais geral: impede essas diversas ciências de serem sociais, não apenas de nome. Com efeito, se essa palavra não fosse para elas um epíteto vazio, seu princípio fundamental deveria ser que todos os fenômenos de que tratam são sociais, ou seja, manifestações de uma única e mesma realidade que é a sociedade. Deveriam ser retidos pelo observador apenas os fenômenos que apresen-

---

28. Ver *Année sociologique*, t. 2 ss., sexta seção.

tam esse caráter, e a explicação deveria consistir em mostrar como dependem da natureza das sociedades e de que maneira especial a exprimem. É sempre a ela que mediata ou imediatamente eles deveriam ser relacionados. Mas, enquanto os diferentes especialistas estiverem encerrados em suas respectivas especialidades, é impossível que venham comungar nessa ideia diretora, pois, como cada um estuda apenas uma porção do todo, que ele toma pelo próprio todo, a noção adequada desse todo, ou seja, da sociedade, lhes escapa. Dizem que os fenômenos de que se ocupam são sociais porque ocorrem manifestamente dentro de associações humanas; no entanto, apenas muito raramente a sociedade é considerada a causa determinante dos fatos de que ela é palco. Por exemplo, expusemos os progressos que a ciência das religiões fez, mas ainda é totalmente excepcional ver os sistemas religiosos serem vinculados a sistemas sociais determinados, como sendo a condição deles. As crenças e as práticas religiosas nos são sempre apresentadas como produto de sentimentos que surgem e se desenvolvem na consciência do indivíduo e das quais apenas a expressão, por ser externa, se reveste de formas sociais. São as impressões deixadas na mente pelo espetáculo das grandes forças cósmicas, pela experiência do sono ou da morte, que teriam constituído a matéria-prima da religião. A antropologia jurídica, por seu lado, embora declare que o direito é uma função social, preocupou-se sobretudo em vinculá-lo a certos atributos da natureza humana em geral. Nas similitudes que as instituições jurídicas das diferentes sociedades apresentam, os estudiosos dessa Escola viram a prova de que existe uma consciência jurídica da humanidade, e é essa consciência inicial e fundamental que eles se propuseram a encontrar. Post, por exemplo, nos apresenta expressamente "os direitos dos diferentes povos da terra como a forma adotada pela consciência jurídica universal da humanidade ao se refratar em cada espírito coletivo particular"[29]. Significa admitir um direito natural *a posteriori*, anterior à formação das sociedades e implicado, ao menos logicamente, na consciência moral do indivíduo humano. Desse ponto de vista, os fatores sociais já não podem ser invocados senão para mostrar como esse fundo primitivo e universal se diferencia nos detalhes, conforme as diferentes individualidades nacionais. Quanto à economia política, sabe-se que as proposições gerais, às quais ela dava o nome de leis, foram, durante muito tempo, independentes de qualquer condição de tempo e de lugar e, por conseguinte, também de todas as condições coletivas. É verdade que recentemente, com Bücher e Schmoller, a ciência econômica se

---

29. "Erscheinen dann die Rechte aller Voelker der Erde als der vom Volksgeiste erzeugte Niederschlag des allgemeinen menschlichen Rechtsbewusstseins" (*Grundriss der ethnologischen Jurisprudenz*, I, p. 4).

orientou por um novo caminho, graças à constituição de tipos econômicos. Mas essas tentativas continuam isoladas, e seu método, aliás, ainda é bem indeciso. Em Schmoller, notadamente, encontramos, num ecletismo um pouco confuso, procedimentos e inspirações de origens muito diferentes.

Mesmo o princípio da interdependência dos fatos sociais, embora facilmente aceito em teoria, está longe de ser eficazmente posto em prática. O moralista ainda estuda os fenômenos morais como se fossem separáveis dos fenômenos jurídicos dos quais não passam, no entanto, de uma variedade. Por outro lado, bem raros são os juristas que se dão conta de que o direito é ininteligível se for separado da religião, da qual recebeu suas principais características distintivas e da qual é, em parte, apenas uma derivação. Inversamente, os historiadores das religiões geralmente não sentem necessidade de pôr as crenças e as práticas religiosas dos povos em relação com sua organização política. Ou ainda, quando um especialista chega a perceber que os fatos de que trata são solidários das outras manifestações coletivas, ele se vê obrigado, para determinar em que consiste essa solidariedade, a refazer de seu ponto de vista e a integrar na sua pesquisa todas essas ciências especiais cujo concurso lhe é necessário. Foi o que Schmoller fez no seu *Grundiss der allgemeinen Volkwirtschaftslehre* [Fundamentos da economia política geral]. É toda uma sociologia, vista de uma perspectiva econômica. Pode-se imaginar quão necessariamente frágil é uma síntese tão sumariamente feita de estudos tão heterogêneos e que exigem uma igual heterogeneidade de competências específicas. Somente uma cooperação espontânea de todas essas ciências particulares pode dar a cada uma delas uma noção minimamente exata das relações que ela mantém com as outras.

Assim, embora elas tendam cada vez mais a se orientar num sentido sociológico, essa orientação ainda é, em muitos aspectos, indecisa e inconsciente de si mesma. Trabalhar para precisá-la, para acentuá-la, para torná-la mais consciente, tal é, cremos, o problema urgente da sociologia. Cumpre fazer a ideia sociológica descer mais profundamente nessas diversas técnicas que, sem dúvida, a ela se elevam espontaneamente, mas numa marcha lenta, embaraçada, como que tateando. Essa é a condição para que a concepção comtiana deixe de ser uma concepção mental para se tornar uma realidade. Pois a unidade do reino social não poderia encontrar sua expressão adequada em algumas fórmulas gerais e filosóficas, infinitamente distantes dos fatos e do detalhe das pesquisas. Essa ideia deve ter como órgão um corpo de ciências distintas e solidárias, mas que tenham o sentimento de sua solidariedade. E, aliás, podemos prever que essas ciências, uma vez organizadas, restituirão com juros à filosofia o que lhe tiverem tomado emprestado. Pois, das relações que se estabelecerem entre elas, depreender-se-ão doutrinas comuns, que serão a alma do organismo assim constituído e que se tornarão a matéria de uma filosofia social renovada e rejuvenescida, isto é, positiva e progressista, como as próprias ciências de que ela será o coroamento.

[DEBATE SOBRE A ECONOMIA POLÍTICA E AS CIÊNCIAS SOCIAIS]
(1908)*

Limousin [...] A economia política ocupa, no conjunto das ciências sociológicas, uma situação particular. É a única dessas ciências que está atualmente constituída como um conjunto sistematizado, a única que dispõe de um estoque suficiente de observações que possibilita a construção de leis. É ela que deve servir de sede e em certo sentido de mãe para todas as outras ciências sociológicas. Pode-se considerar desde já que algumas de suas leis regem os outros modos de relação que não as relações de interesse. Por exemplo, a divisão do trabalho e a especialização das funções, será que não constatamos sua existência na ciência do casamento, na ciência da família e mesmo na ciência das religiões? O que é a distinção entre padres e fiéis, senão uma forma da divisão do trabalho e da especialização das funções? O mesmo

---

* Extraído do *Bulletin de la Société d'économie politique*.

se dá com as outras ciências sociológicas. Outras leis econômicas que intervêm são a lei da oferta e da procura e a lei do capital.

O orador diz que não pode terminar essa breve exposição sobre a sociologia sem dizer algumas palavras sobre Auguste Comte, considerado o criador dessa ciência. Ora, Auguste Comte não a criou, pois ela ainda não existe. Correndo o risco de provocar escândalo, Limousin dirá que Auguste Comte não foi um cientista no sentido de homem que conhece a natureza. Ele, que depreciou a metafísica, foi unicamente um metafísico, um metafísico da categoria dos místicos, como demonstrou mediante a criação de uma religião, cujo dogma central é o símbolo da "Virgem Maria". Auguste Comte não foi um sociólogo, ele que foi o inventor dessa palavra malfeita. Foi um socialista, pois sua sociocracia *não é um sistema objetivamente construído sobre o estado das sociedades do presente ou do passado, é uma utopia do gênero das utopias de Saint-Simon, de Fourier, de Pierre Leroux, de Cabet, de Le Play etc. O orador absolutamente não afirma que ele não tenha feito algumas observações interessantes com o objetivo de embasar seu sistema. Há, notadamente, sua teoria fundamental dita do positivismo; no entanto, embora tenha tido a honra de formulá-la, pode-se dizer que ela estava no ar desde o fim do século XVIII, desde Lavoisier. Na ausência de Auguste Comte, outro a teria formulado, porque ela se impunha. Outros socialistas da mesma época também fizeram descobertas, Fourier, Saint-Simon, Pierre Leroux notadamente.*

O que mostra que Auguste Comte não foi um espírito científico é seu singular juízo sobre a economia política. Ele não entendeu nada sobre isso. No que concerne à sociologia, tanto é certo que ele não a criou, que essa ciência ainda não existe; nós a vislumbramos, não a conhecemos; somos convocados a construí-la.

A dificuldade da questão colocada, diz Durkheim, está em que os fatos de que trata a economia política e aqueles que constituem o objeto das outras ciências sociais parecem, à primeira vista, de natureza muito diversa. A moral e o direito, que são a matéria de ciências sociais determinadas, são essencialmente coisas de opinião. Sem se preocupar em saber se existe um direito e uma moral válidos para todos os homens, questão metafísica que não cabe aqui, é bem certo que, a cada momento da história, os únicos preceitos morais e jurídicos que os homens realmente praticaram foram aqueles que a consciência pública, ou seja, a opinião, reconhecia como tais. O direito e a moral existem tão somente nas ideias dos homens: são ideais. O mesmo pode ser dito das crenças religiosas e das práticas que as acompanham, dos fenômenos estéticos que, sob certos aspectos, são sociais e podem e efetivamente estão começando a ser estudados de um ponto de vista sociológico. Assim, todas as ciências que correspondem a essas diversas ordens de fatos – ciência comparada dos costumes, do direito, das religiões, das artes – tratam de ideias. Ao contrário, as riquezas, objeto da economia política, são coisas em aparência essencialmente objetivas, independentes, pareceria, da opinião. Então, que relação pode haver entre dois tipos de fatos tão heterogêneos? A única relação concebível é que essas realidades exteriores, objetivas, quase físicas, que o economista estuda sejam consideradas a base e o suporte de todas as outras. Daí vem a teoria do materialismo econômico, que faz da vida econômica a infraestrutura de toda a vida social. A ciência econômica exerceria no meio das outras disciplinas sociológicas uma verdadeira hegemonia.

No entanto, o orador crê que os fatos econômicos podem ser considerados sob outro aspecto: também eles são, numa medida que ele não procura determinar, assunto de opinião. Com efeito, o valor das coisas depende não apenas de suas propriedades objetivas, mas também da opinião que se tem delas. E, sem dúvida, essa opinião é, em parte, determinada por essas propriedades objetivas, mas também está submetida a muitas outras influências. Basta a opinião religiosa proscrever determinada bebida, o vinho, por exemplo, determinada carne (o porco), e logo o vinho e o porco perdem, totalmente ou em parte, seu valor de troca. Da mesma forma, são movimentos de opinião, do gosto, que dão valor a determinado tecido, a determinada pedra preciosa e não a outra, a determinada mobília, a certo estilo etc. Também de outro ponto de vista a influência se faz sentir. O piso salarial depende de um padrão fundamental que corresponde ao mínimo de recursos necessários para que um homem possa viver. Mas, em cada época, esse padrão é fixado pela opinião. O que ontem era tido como um mínimo suficiente já não satisfaz às exigências da consciência moral de hoje, simplesmente porque somos mais sensíveis que no passado a certos sentimentos de humanidade. Existem até formas de produção que tendem a se generalizar, não somente por causa de sua produtividade objetiva, mas também em razão de certas virtudes morais que a opinião lhes atribui: é o caso da cooperação.

Desse ponto de vista, as relações da ciência econômica com as outras ciências sociais apresentam-se a nós sob outra luz. Todas elas tratam de fenômenos que, considerados ao menos sob certos ângulos, são homogêneos, já que todos são, de alguma maneira, coisas de opinião. Entende-se, então, que a opinião moral, religiosa, estética possa ter alguma influência sobre a opinião econômica, ao menos tanta quanto esta sobre aquelas; e é isso o que se conclui dos próprios exemplos já citados anteriormente. A economia política perde, assim, a preponderância que ela se atribuía e se torna uma ciência social ao lado das outras, em íntima relação de solidariedade com elas, sem que no entanto possa pretender dominá-las.

Todavia, de outro ponto de vista, a economia política não deixa de recuperar uma espécie de primazia.

As opiniões humanas são elaboradas dentro de grupos sociais e dependem em parte de como esses grupos são. Sabemos que a opinião difere nas populações aglomeradas e nas populações dispersas, na cidade e no campo, nas grandes e nas pequenas cidades etc. As ideias mudam conforme a sociedade seja densa ou não, numerosa ou não, conforme os meios de comunicação e de transporte sejam, ou não sejam, numerosos e rápidos. Ora, parece certo que os fatores econômicos afetam profundamente a maneira como a população está distribuída, sua densidade, a forma dos agrupamentos humanos, e, desse modo, eles exercem uma influência geralmente profunda sobre os diversos estados da opinião. É sobretudo dessa maneira indireta, concluiu o orador, que os fatos econômicos agem sobre as ideias morais.

[...]

E. Villey não tinha nenhuma intenção de tomar a palavra nessa discussão. Mas, diz ele, é um pouco economista e um pouco jurista e, nessa dupla qualidade, sentiu-se um tanto escandalizado com certas asserções que escutou.

Durkheim disse que o direito era assunto de opinião, que a economia política, que o valor eram assunto de opinião e que, por exemplo, entre os judeus, o porco devia ter muito pouco valor. Villey acredita que Durkheim fez uma confusão. A opinião tem uma muito grande influência sobre a concepção e sobre a sanção do direito, mas ela não faz o direito; ela tem uma muito grande influência sobre as condições de mercado que agem sobre o valor, mas ela não determina o valor, o qual é determinado por leis naturais rigorosas.

A opinião influi muito sobre a concepção do direito e, por exemplo. é certo que existiram instituições que, embora tenham sido às vezes consideradas conformes ao direito, são sua violação manifesta: é o caso da escravidão. A opinião influi sobre a sanção do direito, por isso, um fato que ontem era proibido hoje é lícito e vice-versa; porque as necessidades sociais não são sempre as mesmas. Mas concluir daí que o direito é um assunto de opinião é simplesmente negar o direito, fazer dele pura concepção mental, essencialmente variável e fantasista, e entregar a sorte das sociedades aos caprichos do piloto que o acaso lhes tiver dado.

A opinião também influi muito sobre as condições do mercado, e foi por isso que a carne de porco pôde ser depreciada em regiões judaicas, assim como o peixe deve ser vendido mais caro às sextas-feiras nas regiões católicas; no entanto, é sempre a lei da oferta e da procura, completamente independente da opinião, que rege o preço dessas coisas assim como determina todos os valores.

Quanto à questão – um pouco teórica, talvez – que foi colocada, eis, segundo o orador, como se pode responder a ela: a ciência social é a ciência do homem vivendo em sociedade; a vida social, como qualquer vida, é analisada em certo movimento de acordo com certas regras; o movimento, isto é, o desenvolvimento de todas as ati-

vidades individuais, é objeto da economia política; a regra, isto é, a limitação das atividades individuais, é objeto do direito, do qual ele não separa a moral, porque o direito nada mais é que a moral na sua aplicação às relações sociais; de tal modo que a economia política e o direito mostram-se como os dois ramos essenciais da ciência social.

Durkheim não consegue entender o sentimento experimentado e expresso por Villey. Ele tomou o cuidado de dizer que não estava tratando da questão totalmente metafísica de saber se existia uma moral, um direito ideal, inscrito na natureza do homem e válido para todos os tempos e todos os países. Falou exclusivamente do direito e da moral tal como são, tal como foram em cada momento da história. Ora, é evidente que nenhum povo jamais praticou outros preceitos morais e jurídicos além daqueles que a consciência pública, ou seja, a opinião, reconhecia como tais. Basta a opinião deixar de sentir a autoridade deles e esta deixará de existir; ela já não exercerá ação sobre as consciências; esses preceitos já não serão obedecidos. O orador não quis dizer nada além disso.

É preciso se prevenir contra o sentido pejorativo frequentemente dado à palavra "opinião". Parece ser quase sinônimo de preconceitos irracionais, de sentimentos caprichosos etc. Isso é ver a opinião apenas por um de seus aspectos. É esquecer que a opinião também é a resultante das experiências que os povos tiveram no decorrer dos séculos, o que não deixa de lhe conferir certa autoridade. O orador sente pelo menos o mesmo respeito por uma regra moral quando a pensa como fruto das experiências seculares dos povos que quando a concebe como resultado das construções dialéticas do jurista ou do moralista.

Objeta-se que a opinião muda; mas a moral também muda, e legitimamente. Durkheim não acredita que existam hoje muitos historiadores que afirmem, por exemplo, que os romanos poderiam ter praticado uma moral comparável à nossa. O respeito que temos pela pessoa humana não poderia ter se introduzido em Roma sem dissolver a sociedade romana: há muito tempo Fustel de Coulanges demonstrou essa verdade. As variações pelas quais passou a opinião moral não são, portanto, produto de simples aberrações: estão fundamentadas nas mudanças que ocorreram paralelamente nas condições de vida.

No tocante às coisas econômicas, o orador não disse que elas eram totalmente assunto de opinião, e sim que *parte* de sua realidade dependia da opinião. Isso bastaria para estabelecer a tese que ele enunciou. Sua única preocupação era mostrar *um lado* dos fenômenos econômicos em que eles são homogêneos aos fatos morais, jurídicos ou religiosos: pois era essa a condição para que fosse possível perceber as relações entre as ciências correspondentes.

Muito menos ainda afirmei, disse para terminar o orador, que as leis dos fenômenos econômicos poderiam ser verdadeiras ou falsas, conforme agradassem à opinião. Seria simplesmente absurdo. Dizer que fatos são coisas de opinião não é dizer que não têm leis, pois a própria opinião tem suas leis, que não dependem da opinião.

[...] Paul Leroy-Beaulieu, presidente, ao mesmo tempo que resumiu a discussão, acrescentou algumas observações pessoais. Assim, ele não aceita sem reservas as ideias que os oradores precedentes acabaram de emitir. A seu ver, Limousin teria teoricamente razão: uma ciência, ainda que não tenha nenhuma aplicação prática, sempre será uma ciência, interessante para as pessoas curiosas. Quanto interesse não merece, então, a ciência econômica, cujas aplicações são tantas e tão incontestáveis!

E a economia política é, nos tempos atuais, a única ciência social com caráter verdadeiramente positivo. Leroy-Beaulieu responderá, em consequência, a Durkheim que ele parece ter exagerado a influência da opinião em economia política. Trata-se, sem dúvida, de um fator poderoso, que age para modificar certas formas econômicas, mas o que ela jamais transformará são as grandes leis econômicas, que são imutáveis. Decerto, não se deve negar a intervenção de um elemento psicológico na determinação do valor, por exemplo, mas nem por isso este estará menos eternamente submetido à lei essencial da oferta e da procura.

Também a lei da divisão do trabalho não poderia ser modificada pela opinião. E a divisão do trabalho será sempre proporcional à extensão dos mercados, fatalmente menos desenvolvidos num país restrito como Portugal do que na grande Alemanha.

Outro princípio contra o qual a opinião jamais prevalecerá é a necessidade de uma sociedade progressista ter um capital à sua disposição, para poder ao menos aplicar as novas descobertas...

Leroy-Beaulieu constata que a economia política é manifestamente objetiva, ao menos quanto às leis principais. E essas leis têm a força das leis físicas. Acaso não se viu todas as sublevações da Revolução, todos os decretos que tabelavam preços, que criavam ainda outros entraves para o livre jogo dos princípios de nossa ciência, fracassarem diante da grande lei econômica da oferta e da procura, a única, no entanto, que hoje é realmente entendida por todo o mundo? [...]

Resumindo, a economia política ocupa o primeiro lugar entre as ciências sociais: somente ela se estabelece sobre uma base indestrutível e positiva, e suas leis são imutáveis, sejam quais forem as variações da opinião.

[ORIGEM DA IDEIA DE DIREITO]
(1893)*

Ainda é bastante comum acreditarem na França que só há e só pode haver dois tipos de moral, entre os quais o moralista está como que obrigado a escolher, e que o único meio de escapar ao utilitarismo é recorrer ao apriorismo dos metafísicos. Pareceria que, a partir do momento em que se pratica o método da observação, se está necessariamente condenado a negar a realidade do dever e a realidade do desinteresse, ou seja, a fazer de ambos puras ilusões. O livro que resenharemos é, antes de mais nada, um protesto contra esse preconceito[1]; é um vigoroso esforço de abrir uma nova via para a moral e para a filosofia do direito, e nisso consistem a novidade e o interesse da obra. De fato, Richard combate com a mesma vivacidade a doutrina dos utilitaristas e a dos

---
* Extraído da *Revue philosophique*, 35.
1. G. Richard, *Essai sur l'origine de l'idée de droit*. Paris, 1892.

metafísicos; ambas lhe parecem igualmente incapazes de explicar tanto o direito como o dever, e pela mesma razão. Pois esses dois irmãos inimigos estão menos afastados um do outro do que se costuma crer, ambos professam de fato um individualismo quase idêntico. O utilitarista é individualista porque faz do interesse pessoal o único fim da conduta, mas o metafísico não é menos individualista, porque sua moral consiste numa apoteose da personalidade individual. Talvez, é verdade, pudéssemos recriminar o autor por passar de modo muito rápido por grandes doutrinas metafísicas, como o hegelianismo, que pecaram antes pelo excesso do que pelo contrário. Mesmo o kantismo, que Richard examina mais detidamente, escapa em parte do individualismo, porque submete o indivíduo a uma lei que o indivíduo não fez, a uma regra objetiva, uma injunção imperativa e impessoal. Todavia, é incontestável que esse ideal impessoal nada mais é que o indivíduo abstrato e idealizado. Ora, segundo Richard, uma doutrina individualista não poderia fundamentar o direito, pois a prática jurídica não pode prescindir de caridade. A dogmática do egoísmo, quer se trate do egoísmo dos utilitaristas ou daquele dos metafísicos, retira do dever todo objeto, pois o dever é antes de tudo se dar, se sacrificar, se resignar. Por conseguinte, ela arruína ao mesmo tempo o direito, que não pode ser mais que a condição lógica e até física do dever.

O que deu origem ao erro individualista foi que empiristas e aprioristas estudaram a ideia de direito em abstrato, separando-a das condições que determinaram sua formação e seu desenvolvimento. Não viram que foi o fato de viver em sociedade que levou os homens a definir suas relações jurídicas, a fixar "o que todos podem exigir de cada um e o que cada um pode esperar de todos". Em suma, a filosofia do direito não pode ser separada da sociologia. O problema, tal como nosso autor o coloca, pode, portanto, ser formulado assim: quais são as influências sociais que suscitaram a ideia do direito e em função das quais ela evoluiu na história?

Ora, quando a questão é colocada nesses termos, um primeiro fato aparece de imediato: a ideia de direito não é simples. É composta de elementos que devem ser estudados separadamente.

O primeiro desses elementos é a ideia de arbitragem. De fato, os primeiros costumes codificados não passam de coleções de sentenças arbitrais; aliás, é fácil entender por que a instituição da arbitragem apareceu muito cedo, desde o momento em que existiram sociedades. Em cada consciência individual existem dois estados de consciência surdos, capazes, dada a oportunidade, de se transformar em ideias claras. "Um é a concepção dos fins sociais, isto é, de uma proteção mútua contra as causas de destruição", venham elas do homem ou das coisas; o outro é o sentimento de uma luta entre os apetites individuais dos próprios membros do grupo. São duas tendências contrárias entre si. Portanto, se a primeira for suficientemente forte, conterá a segunda e prevenirá seus excessos. Impedirá que os conflitos degenerem em guerras abertas, levando os homens a submeter o objeto de seu desacordo a um árbitro; este, aliás, será determinado a intervir pela mesma razão, ou seja, sob a pressão da dor que seus sentimentos simpáticos lhe provocam ao ver o conflito que surgiu. A arbitragem é, portanto, uma consequência imediata da sociabilidade, e basta inclusive uma sociabilidade bem rudimentar para produzi-la.

Porém, para que haja direito, não basta haver arbitragem, ainda é preciso que essa arbitragem seja garantida à vítima, ou seja, que esta sempre tenha a faculdade de recorrer a ela sem que o culpado a ela possa se subtrair. Essa garantia é distinta da arbitragem, pois nem sempre a acompanha na história. "As cortes de justiça das sociedades primitivas não dão força executória a seus julgamentos; nem mesmo as partes estão obrigadas a submeter a elas seus litígios." Estamos, pois, em presença de um novo elemento da ideia de direito, a ideia de garantia.

Mas o que pode ter determinado os homens a organizar essa garantia? Foi essa questão que, até hoje, diz Richard, fez a filosofia experimental do direito fracassar. De fato, esses filósofos geralmente acreditaram que somente um aparelho de coerção externa e de origem convencional pudesse obter esse resultado. Um cálculo interessado é que teria ensinado a humanidade a preferir o mal da obediência e da disciplina aos males mais temíveis de uma guerra universal e interminável. Ora, não é verdade que o homem seja um ser utilitarista. "O cálculo não é o artesão da história." Aliás, a anarquia nunca foi para o homem o objeto de horror que Hobbes supõe, pois muitas raças nunca saíram dela. Cumpre seguir o caminho inverso. Dentro da consciência e não fora, nas disposições simpáticas e altruístas e não nos sentimentos interesseiros, se deve buscar a solução do problema. O que faz com que a sociedade obrigue o demandado a se submeter e garanta a vítima é que ela se sente solidária desta última. A grande simpatia que sente por todos os seus membros não lhe permite assistir impassível ao dano sofrido por um deles; aliás, ela tem consciência de que o mal que ele sofre não poderia se generalizar sem que ela mesma corresse perigo. Portanto, abraça muito naturalmente uma causa que é sua. Para tanto, não é necessário que ela esteja organizada em Estado, basta que os indivíduos que a compõem se sintam solidários na luta pela vida. É esse sentimento totalmente interno que assegura a *garantia*, e não, como acreditaram os utilitaristas, uma coerção externa e artificial. O Estado, uma vez constituído, poderá tornar mais regular o exercício dessa garantia, mas ele não a cria. As raízes dela estão na própria consciência das sociedades.

Contudo, a ideia de arbitragem e a de garantia implicam a de delito, pois a garantia é uma proteção e, portanto, supõe uma ameaça ou uma agressão. Portanto, da análise precedente segue-se que a ideia de delito é um dos elementos que servem para formar a ideia de direito e, por conseguinte, lhe é anterior. À primeira vista, essa conclusão desconcerta as ideias consagradas. Estamos habituados a considerar o delito como a violação do direito e, portanto, o direito como anterior ao delito. Mas isso, segundo Richard, inverte a ordem real dos fatos. Se, diz ele, o delito for suprimido mediante o pensamento, a caridade e a simpatia reinarão sem obstáculos e sem mistura; logo, nada haverá para garantir e o direito não nascerá. Para que ele seja possível, deve haver sociabilidade, mas também é preciso que ela seja perturbada de modo parcial e intermitente. Se ela for nula, temos o estado de guerra; se for perfeita, não há conflitos.

No entanto, se a noção do direito depende da noção do delito, de onde vem esta última e sobre o que se estabelece? O autor rejeita tanto a teoria que faz do delito uma criação do legislador quanto aquela que vê nele simplesmente um ato particularmente nocivo. O delito é algo natural, cujas condições estão na própria natureza da sociedade, e não na vontade cambiante dos homens de Estado; por outro lado, a delituosidade e o dano são coisas distintas. Uma falsificação, uma bancarrota são muitas vezes desastres mais terríveis que um assassinato e, no entanto, não têm a mesma importância criminológica. O que constitui o delito é que ele manifesta uma ausência de disposições altruístas. "O crime radical é o egoísmo absoluto, é a vontade de viver apenas para si, de conhecer tão só seus próprios fins no universo." Essa solução, como se vê, não está muito distante daquela proposta por Garofalo; ainda assim, é distinta. Por disposições altruístas, Richard entende não só a probidade e a justiça, mas também a piedade filial, o sentimento nacional, o pudor, o sentimento de honra etc. Sua definição é, portanto, mais ampla que a do criminologista italiano e explica melhor os fatos. Por outro lado, possibilita vincular o delito às condições fundamentais da vida social, pois, para que o egoísmo seja odiado, não é necessário que o legislador intervenha, basta haver uma sociedade coerente e consciente de sua unidade. Se, nos povos inferiores, a concepção do delito é mais obscura que nos povos civilizados, é porque neles o altruísmo é mais imperfeito; neles, porém, ela não tem outra natureza e não depende de outras causas.

Vemos formar-se, assim, aos poucos, a ideia de direito. O ponto de partida é a intervenção da sociedade na regulação dos conflitos, daí decorrem a arbitragem e a garantia. A definição do delito nos mostrou qual regra a sociedade segue na solução dos conflitos: ela combate o egoísmo, ela reprime a insociabilidade.

Mas por que meios? É necessário responder a essa pergunta para que a noção de direito fique completamente determinada.

De fato, a sociedade se serve de dois procedimentos para alcançar seu fim. Obriga o culpado a reparar o dano que ele causou; ademais, ao menos em certos casos, ela lhe aplica uma pena. A ideia de pena e a de reparação parecem, à primeira vista, muito distintas, mas o autor as unifica e vê nelas apenas duas formas diferentes da ideia de dívida. Com efeito, para ele, a repressão penal e a reparação civil parecem, ambas, derivadas do uso da composição, que seria o fato primitivo. Ora, a composição é a compensação do prejuízo causado pelo crime, é uma dívida contraída pelo criminoso, devido ao seu delito. Quando desaparece o uso da composição, ela é substituída pela obrigação que o culpado tem de reparar o mal que causou. Mesmo as obrigações que nascem do contrato decorreriam da mesma fonte. Numa passagem interessante, o autor mostra que o direito contratual, em vez de ter sido o fato primordial da vida jurídica, como dizem alguns teóricos, é um simples prolongamento do direito criminal. Consideramos, de fato, incontestável que este último tenha sido como que o germe de onde saiu todo o direito.

Quanto à sua pena, também ela é uma dívida, mas em outro sentido. Corresponde à dívida de segurança que a sociedade tem para com seus membros. Por um lado, o crime suscita contra o criminoso um ressentimento de toda a comunidade e, por conseguinte, uma necessidade de vingança. Ora, a vingança coletiva não é menos contrária à ideia de garantia que a vingança privada, é uma perturbação da ordem. Portanto, a sociedade é obrigada a garantir o criminoso contra sua própria cólera. Por outro lado, porém, ela também é obrigada a proteger a si mesma contra as agressões. Daí resulta a pena. Vê-se as relações que ela mantém com a composição: uma substitui a vingança privada; a outra, a vingança pública.

São esses os quatro elementos que, associados, fundidos, formam a noção do direito. Para o leigo, essa noção parece perfeitamente simples e indivisível. Percebe-se que, na realidade, ela é extremamente complexa. Essa ilusão decorre de que as partes de que ela é formada se aglutinaram, de que algumas até desapareceram do campo da consciência; um capítulo inteiro, o oitavo, é dedicado a descrever o processo psicológico de que essa simplificação resulta. Mas, por mais complexa que essa ideia seja, há nela no entanto uma unidade no sentido de que todos os elementos que ela compreende trazem a marca do mesmo caráter, derivam da mesma fonte, ou seja, da ideia da solidariedade social. Isso é que faz com que as partes submetam seus conflitos a um árbitro e que a sociedade abrace a causa da vítima; o crime nada mais é que um atentado contra a solidariedade, e foi para protegê-la contra as vinganças individuais e coletivas que a pena e a reparação civil foram instituídas. Portanto, ela é realmente a alma do direito.

Tal é a conclusão dessa obra em que o espírito de observação certamente está longe de faltar, mas que, no entanto, se distingue a nosso ver sobretudo por uma notável engenhosidade dialética. Não é somente no conjunto da doutrina, mas, melhor ainda, no detalhe da argumentação que as qualidades lógicas do autor se exercem com grande desenvoltura. Seus raciocínios se encadeiam, ganham um movimento tão rápido que o leitor é arrastado, mesmo que não queira. Longe de fugir das objeções, ele as busca, suscita-as contra si próprio com uma espécie de graça sedutora; tem-se a sensação de que essa esgrima lhe dá prazer. Talvez ele até se demore um pouco aí e leve às vezes a engenhosidade ao refinamento. Por isso, toda a discussão que ele institui para estabelecer a anterioridade da noção de delito em relação à do direito nos parece um tanto sutil. Na realidade histórica, o direito e as violações do direito constituem duas ordens de fatos concomitantes e contemporâneos, e, por conseguinte, não é possível dizer que, cronologicamente, um antecedeu o outro. Portanto, só pode se tratar de uma anterioridade lógica, mas esta é de pequeníssima importância para o sociólogo. O que importa para a sociologia é saber quais são as relações que existem realmente entre as coisas e não aquelas segundo as quais os conceitos devem ser logicamente ordenados. Aliás, será que o raciocínio é em si mesmo muito rigoroso? Suponhamos que não haja delitos; o que reina é a pura caridade. Muito bem! Mas, mesmo então, há uma caridade obrigatória definida por regras imperativas de conduta, às quais estão vinculadas sanções mais ou menos determinadas. Logo, essas regras são jurídicas; o fato de não haver infração não implica que elas não existam.

Essa preponderância do ponto de vista dialético afeta, aliás, a concepção geral da obra. O que o autor na verdade busca – como já revela o título – é a gênese não *do direito*, mas *da ideia do direito*. Portanto, ele parece mesmo considerar o direito não como um conjunto de coisas, de realidades dadas, cujas leis cumpre descobrir pelo método das ciências naturais, mas, antes, como um sistema de conceitos logicamente ligados entre si e subordinados a um conceito supremo que os contém eminentemente. De fato, é esse o caráter da solução proposta. Vimos, com efeito, que a ideia de dívida estava implicada na de delito, esta, na ideia de garantia, e, por fim, a ideia de garantia e de arbitragem na ideia de solidariedade. Richard sem dúvida não diz que nenhuma dessas noções, nem, por conseguinte, aquela que as envolve, nos é dada pronta. Ela se constrói progressivamente. Mas, seja qual for a maneira como ela se forma, uma vez que existe, é ela que, ao se desenvolver, teria gerado o direito. O direito seria apenas sua realização nas diferentes condições da experiência. Mas nada nos autoriza a crer que ele tenha se realizado dessa maneira. Para que se pudesse postular a existência de uma ideia *do direito*, seria preciso que *o direito* existisse; ora, o que existe na realidade são os direitos, isto é, a profusão indeterminada das regras jurídicas. Cada uma delas depende de causas particulares e responde a fins especiais. Longe de uma mesma ideia ter presidido à sua elaboração, elas geralmente nasceram de causas fortuitas e de maneira totalmente inconsciente. A atividade coletiva se cristalizou por si só sob as diversas formas que elas determinam, sem que os homens tivessem tido consciência das necessidades sociais às quais elas respondiam. Em certo sentido, cada povo, em cada época, teve, sem dúvida, alguma ideia do direito, assim como tem uma sobre o mundo e sobre a humanidade. Sem dúvida também essa ideia tem uma origem, mas que nada tem de muito obscuro. Vem, na verdade, do próprio espetáculo das regras jurídicas que funcionam sob os nossos olhos; ela resulta do direito, muito longe de ter preexistido a ele. Ela reflete vagamente a própria vida jurídica, não a cria, e, por isso, nossa ideia do mundo é apenas um reflexo do mundo em que vivemos. Portanto, ela não exprime a essência das coisas que representa. Pode-se, é verdade, buscar essa essência. Entre todas as espécies de regras jurídicas há, ao menos é possível acreditar, características comuns e, portanto, essenciais. Mas apenas uma ciência do direito já avançada pode nos dar a noção disso. Logo, essa noção não foi o germe de onde o direito saiu.

Mas, se desvencilharmos a doutrina desse aparelho lógico, depreende-se uma ideia muito interessante e que, pensamos, deve ser retida. Costuma-se distinguir a justiça, isto é, o direito, da caridade. A primeira seria a base elementar da moral, da qual a segunda seria como que o coroamento. Richard mostra, ao contrário, que essas teorias invertem a ordem dos fatos e que a caridade é o fundamento do direito. Talvez, é verdade, a razão que ele dá disso não seja de todo convincente. A caridade, diz ele, é a alma do direito, porque o direito nasceu do fato de que nos sentimos solidários contra a guerra. Mas só nos sentimos solidários assim contra a guerra injusta, contra o ataque que lesa os direitos reconhecidos. Essa solidariedade supõe, portanto, que já exista uma justiça, que a natureza do direito tenha sido previamente determinada. Essa determinação se faria, portanto, independentemente de todo sentimento de solidariedade, e esta só interviria para assegurar a defesa dos direitos, uma vez estabelecidos? Então, a antiga teoria seria em grande parte verdadeira e daria conta do fato mais essencial. Mas não é assim. Os direitos de cada um só foram definidos graças a concessões e sacrifícios mútuos, pois o que é conferido a uns é necessariamente abandonado pelos outros. O direito que reconheço ao outro de ficar com os frutos de seu trabalho implica que renuncio à faculdade de me apoderar deles. O direito resulta, pois, de uma limitação mútua de nossos poderes naturais, limitação que só pode se dar num espírito de entendimento e de harmonia.

[OBSERVAÇÕES SOBRE A EVOLUÇÃO DO DIREITO PENAL NA GRÉCIA] (1904)*

Glotz expõe em grandes linhas a sua tese. O direito grego evoluiu muito rapidamente; essa evolução é estudada por Glotz no que concerne ao direito penal. Pode-se distinguir nele três períodos: 1º O período lendário, no qual toda a família age (Solidariedade ativa) ou *é responsável (Solidariedade passiva) pelos atos cometidos por qualquer um de seus membros ou de seus animais; 2º No segundo período, a solidariedade passiva diminui; a família rejeita o culpado de seu seio e começa a aparecer a* responsabilidade individual; *3º No terceiro período, o princípio da* responsabilidade individual *é formulado; ao mesmo tempo, os direitos da família ofendida (Solidariedade ativa) são limitados; o crime é concebido como falta social, a ação pública substitui a ação privada. – Essa rápida evolução está ligada às características gerais da vida grega, o que a tornou possível foi que o*

---

* Extraído da *Revue de philosophie*, IV (2). Intervenção na defesa de tese de G. Glotz.

povo grego nunca ficou encerrado num formalismo religioso rigoroso demais e isso permitiu que as forças sociais agissem sozinhas e transformassem a seu bel-prazer o direito penal. Na rapidez e na precisão dessa evolução deve-se ver, uma vez mais, o milagre grego.

Durkheim se alegra em constatar que os historiadores estão se dando cada vez mais conta da verdade de que entre a história e a sociologia não há separação estanque.

O valor do seu trabalho decorre menos da ideia geral, que é um pouco tímida em comparação com a amplidão do resto, que do grande número de questões muito interessantes que ele suscita. – Fiquei feliz em encontrar na sua tese a desconfiança em relação às soluções fáceis, supostamente racionais, para explicar os fatos sociais. O senhor tem o sentimento de que as antigas instituições se baseiam em ideias não claras e simples, mas, ao contrário, muito confusas, que temos muita dificuldade em imaginar, mas que é ao menos indispensável suspeitar. Para entender as instituições antigas cumpre, por mais difícil que isso seja para nós, tentar nos forjar uma mentalidade antiga. Os estudos comparativos podem nos ajudar; eles também são a melhor propedêutica para o exame das questões particulares. Portanto, só me cabe louvar seu método no tocante a esse ponto. – Tenho contudo uma ressalva a fazer: seu gosto pelas soluções novas nem sempre é acompanhado de um espírito suficientemente crítico, as provas que o senhor invoca nem sempre são muito sólidas, e o uso que o senhor faz de certos textos surpreende; enfim – e lhe faço aqui uma repreensão que eu mesmo por vezes mereci –, o senhor nem sempre é bastante prudente nas comparações que faz.

O senhor diz que o γένος é que foi, na origem, o órgão da vindita coletiva e continuou sendo seu principal agente. Mas o senhor cometeu o erro de confundir, sob esse mesmo nome, organizações familiares muito diferentes. De fato, γένος designa ora uma organização *monárquica* (onipotência do pai), ora um grupo organizado *democraticamente*, em que o pai tem direitos muito limitados e submetidos a um controle rigoroso. Disso resultam muitas vezes lamentáveis confusões em sua tese.

Seu capítulo sobre o αἰδώς é muito interessante, mas o senhor não destacou o caráter religioso do αἰδώς.

O senhor diz que a teoria da mácula aparece tardiamente; é incorreto; como o senhor sabe, não existe religião sem a ideia de mácula, mas o senhor acha que, inicialmente, se tratava apenas de mácula física. Isso é uma heresia. Originalmente, pureza material e pureza religiosa eram indistintas.

Na explicação da evolução da responsabilidade, o senhor desconsiderou um fator muito importante. Se alguns crimes se tornaram crimes públicos, eles, ao mesmo tempo, perderam importância; os crimes contra o indivíduo foram considerados primeiro como sacrilégios e era por isso que toda a família do criminoso era responsável por ele. Esse é um fato importante que não deve ser desconsiderado: para os crimes considerados sacrilégios, a responsabilidade coletiva subsistiu. Pode-se, assim, dizer que a responsabilidade coletiva só desapareceu porque certos crimes perderam importância, e isso só vale para esses crimes. Trata-se de um elemento importante que deve ser levado em consideração no estudo da evolução da responsabilidade coletiva.

[A SOCIOLOGIA E O ENSINO DO DIREITO] (1907)*

[...] DURKHEIM – Todos concordam que o ensino do direito é formal demais. Mas divergem quando se trata de saber em que sentido convém reformá-lo. A meu ver, o único modo de torná-lo menos formal é proceder de tal modo que o estudante sinta que o direito não é uma coleção de fórmulas abstratas e vazias, mas uma realidade, ou melhor, um sistema de realidades vivas, ou seja, de realidades sociais. Deve-se mostrar aos jovens como as instituições jurídicas estão vinculadas a condições sociais, variam

---

* Extraído de *Libres entretiens*, 3.ª série. Bureau de l'Union pour la Vérité.

com essas condições, são solidárias das outras instituições, políticas, econômicas, das ideias morais e como elas estão vinculadas à própria estrutura das sociedades. Se a sociologia estivesse mais avançada, a ela caberia ministrar esse ensino; ao estabelecer alguns dos atores em função dos quais esta ou aquela instituição jurídica evoluiu no passado, ela acostumaria o estudante a ver no direito algo além dos jogos de conceitos. Infelizmente, a sociologia ainda não está suficientemente avançada para ocupar esse espaço no ensino.

Porém, o que não pode fazer, a história bem entendida pode empreender, e essa substituição é ainda mais natural na medida em que história e sociologia são duas disciplinas com íntimo parentesco e destinadas a se confundir cada vez mais. Em outras palavras, a única maneira de dar à juventude a educação jurídica que convém é lhe transmitir o sentido do que é a evolução jurídica: o que um ensino histórico bem concebido pode fazer.

A dificuldade está em escolher a matéria de tal ensino. Não seria o caso nem de ensinar todas as histórias (o que é impossível), nem de dar uma visão sumária e esquemática da história em geral, como se diz às vezes; tal ensino careceria de qualquer precisão e se reduziria a uma vaga filosofia. O que cumpre fazer é escolher um povo em que a evolução jurídica tenha tido uma sequência e uma amplitude dignas de nota e fazer dele o centro desse ensino.

Esse povo existe, é o povo romano. Em Roma, a evolução jurídica tem um início muito humilde, que se parece com aquele que observamos nas sociedades mais inferiores que se conhecem, e, nos últimos momentos, aproxima-se do nosso direito moderno. Encontramos portanto ali um resumo, quase um quadro da evolução jurídica da humanidade. Aliás, caberia ao professor esclarecer a evolução do direito romano pelo que sabemos das instituições jurídicas em outras sociedades e completar o direito romano mostrando a continuação do desenvolvimento jurídico nas nossas sociedades modernas. Parece-me, porém, que, para ser científico, esse ensino deveria tomar Roma como base e como centro, sob a condição de agrupar em torno do direito romano todas as informações que parecesse útil colher de outros povos.

A meu ver, é um grande erro crer que se modernizará esse ensino amputando-o do passado e encerrando-o nos tempos modernos. Os tempos modernos não nos oferecem a matéria de uma evolução jurídica suficientemente prolongada para poder ser instrutiva e educativa. Aliás, como compreendê-los separados de suas origens?

CHARLES GIDE – *Eu seria mais radical que Durkheim: proporia até a supressão dos exames de direito, com exceção de um, para a conclusão dos estudos; eles seriam substituídos por exames profissionais na entrada de cada carreira e sobretudo na de magistrado.*

Na Alemanha, isso funciona muito bem. Os professores ficam mais livres, enquanto nossos professores franceses são obrigados a montar seus cursos tendo em vista o exame. Ficam presos ao programa. Evitam tratar de assuntos que não se prestam a questões de exame. Quando, assim mesmo, tratam deles, são os estudantes que param de tomar notas e até de escutar.

DURKHEIM – Quem determinará o programa desse exame?

CHARLES GIDE – *Os candidatos escolherão livremente entre os cursos disponíveis aqueles que mais lhes agradem e os professores escolherão da mesma forma as matérias de seus cursos. [...]*

[ETNOGRAFIA E SOCIOLOGIA]
(1904)*

O autor mostra que a etnologia é duplamente útil para a sociologia[1]. Em primeiro lugar, mesmo que não houvesse fundamento algum na hipótese evolucionista e não existisse nenhuma relação entre o estado, ainda observável, das sociedades inferiores e as fases iniciais das sociedades mais civilizadas, a etnografia prestaria grandes serviços ao sociólogo, pela simples razão de levar a conhecer sociedades que não as dos povos históricos. Fornece assim elementos de comparação insubstituíveis. A sociologia nunca conhecerá uma variedade muito grande de tipos sociais. Além disso, porém, a hipótese evolucionista é para ela muitíssimo verossímil. Há muito tempo

---

* Extraído de *Année sociologique*, 7.
1. S.-R. Steinmetz, "Die Bedeutung der Ethnologie für die Soziologie". *Vierteljahrsschrift für wissenschaftliche Philosophie und Soziologie*, 1902, vol. IV.

as semelhanças entre a civilização dos povos primitivos e as formas primitivas da civilização europeia chamaram a atenção dos observadores. Aliás, para que assim não fosse, cumpriria admitir que os *Naturvoelker* têm uma constituição humana diferente daquela que tinham, no começo de sua evolução, os *Kulturvoelker*. Porém, de onde poderia vir essa diferença? Da diferença dos meios nos quais teriam estado, a partir de certo momento de sua história, os povos que depois alcançaram a civilização?

De fato, pode ser que as sociedades incivilizadas tenham sofrido por muito tempo a ação de certas condições exteriores, desfavoráveis ao progresso, das quais nossos ancestrais, ao contrário, teriam conseguido se libertar muito antes e que, desse modo, os segundos tenham se diferenciado dos primeiros. Contudo, a diferença que assim se teria produzido não poderia ser muito profunda, dado que faz relativamente pouco tempo que os germanos e os eslavos começaram a ultrapassar o nível da cultura primitiva. – Pode-se afirmar que em uns e outros há uma aptidão desigual para a cultura? Mas essa desigualdade não poderia ser mais marcada do que aquela que se observa entre os homens de gênio e as mentes ordinárias; seria, portanto, secundária, incidindo apenas sobre certas funções particularmente elevadas.

Assim, outra vantagem da etnografia é que ela nos ajuda a entender nossa própria evolução; vem esclarecer os monumentos de nosso passado e tem, em comparação com a história, a superioridade de que trata de povos ainda vivos. Contudo, não se deve, como fizeram alguns etnógrafos, admitir muito facilmente que todos os povos inferiores, sejam eles quais forem, representam uma fase determinada de nosso desenvolvimento histórico. Existem alguns nos quais circunstâncias particulares imprimiram, ao menos a partir de certo ponto, uma evolução diferente daquela que nós seguimos. A etnografia precisa ser empregada com mais comedimento, discernimento e crítica.

[ETNOLOGIA JURÍDICA E MÉTODO
SOCIOLÓGICO]
(1907)*

O autor pensa – e estamos plenamente de acordo com ele neste ponto – que a etnologia jurídica já não deve se contentar com os *paralelos* com que se satisfizeram os primeiros representantes de nossa ciência. Deve formular problemas precisos e estritos e fazer uso de métodos rigorosos. O que Mazzarella nos apresentou nesse artigo[1] é o conjunto dos procedimentos metodológicos que ele adotou em suas pesquisas pessoais. Muitos deles são excelentes; se não os assinalamos é porque remetem, no fundo, às regras essenciais da crítica e do método de interpretação históricos. Outros talvez sejam menos seguros, ou formulados de maneira menos satisfa-

---

* Extraído de *Année sociologique*, 10. Em colaboração com Paul Fauconnet.

1. G. Mazzarella, "Die neuen Methoden der ethnologischen Jurisprudenz", *Archiv für Anthropologie*.

tória, mas demonstram ao menos os esforços muito interessantes de Mazzarella para definir as dificuldades e afastar as soluções arbitrárias. Esses esforços são o essencial: somente os resultados permitirão julgar a fecundidade de nossos métodos.

O traço característico do método de Mazzarella, o que ele reivindica como particularmente original, é o princípio do que ele chama de *análise estratigráfica*. Já o mencionamos aqui[2]. Todos os sistemas jurídicos pertencem a dois tipos esquemáticos fundamentais, o tipo gentílico e o tipo feudal. O que os distingue é a ausência ou a presença de classes hierarquizadas. Tipos mistos resultam da combinação de dois tipos fundamentais; são designados fazendo o nome do tipo fundamental preponderante ser seguido do nome do tipo acessório acrescido de um coeficiente (*coefficiente di concomitanza del tipo concorrente*). A análise estratigráfica consiste, pois, em relacionar cada sistema jurídico, e, para isso, cada instituição ou cada elemento de uma instituição, ao tipo ao qual ele está ligado por uma relação necessária de coexistência. E é desse mesmo princípio que decorre a explicação genética das instituições estudadas.

Constituir tipos de instituições, classificá-los, determinar relações de coexistência entre eles é exatamente a tarefa que atribuímos à sociologia. Mas cremos que a etnologia jurídica – assim como a an-

---

2. *Année sociologique*, 7, p. 468.

tropologia religiosa – não pode desincumbir-se dessa tarefa enquanto fizer uso de noções comuns, não previamente submetidas à crítica, como se fossem noções cientificamente constituídas; o trabalho dela vê-se conduzido por prenoções que a dominam à sua revelia. Mazzarella, por mais notáveis que sejam suas precauções metodológicas se as compararmos com as de Post, não nos parece estar nem um instante sequer preocupado em evitar as prenoções. As noções de tipo gentílico e de tipo feudal talvez tenham valor, mas, enquanto não forem cientificamente elaboradas, nada nos autorizará a ver nelas as noções fundamentais de toda classificação jurídica. Mazzarella, que tão bem destacou as razões pelas quais uma classificação geral das sociedades era, no mínimo, prematura, não parece ver que essas mesmas razões se aplicam contra uma classificação dos sistemas jurídicos. Reina uma horrível confusão na nomenclatura dos grupos sociais comumente denominados clãs, famílias, hordas, *gentes* etc.; temos o direito de indagar se, em contato com os fatos, Mazzarella conseguiria constituir, de modo satisfatório, o que ele denomina o tipo gentílico. – Ao enumerar os quadros nos quais dispõe suas descrições morfológicas, ele declara que todo sistema jurídico é formado por dez grupos (*Grund-complexen*) de instituições, a saber: 1º. formas da associação; 2º. parentesco; 3º. casamento; 4º. poder doméstico; 5º. propriedade; 6º. obrigações; 7º. direito sucessório; 8º. organização política;

9º direito penal; 10º procedimento processual. Consideramos uma falta grave postular que todo sistema jurídico entrará nesses quadros, manifestamente emprestados dos direitos a que estamos habituados. Uma análise morfológica dominada por esse postulado corre o risco de deixar escapar a parte mais interessante dos fatos, aquela que nossa consciência atual não alcança sem esforço. – Mazzarella toma frequentemente o cuidado de lembrar que seu ponto de vista é puramente jurídico; porém, onde encontra ele o critério que lhe permite distinguir o que é jurídico do que não é? Estará ele bem certo de que tal instituição que aqui é jurídica não será religiosa ali? Claro que não negamos a necessidade de definir e abstrair, isso seria negar a possibilidade da ciência. Mas queremos que a regra essencial do método seja aquela que prescreve evitar as prenoções.

[PEDAGOGIA E SOCIOLOGIA]
(1904)*

No primeiro desses artigos[1], propusemo-nos estabelecer que, de modo geral, a arte da pedagogia necessita do concurso da sociologia, ao menos tanto quanto do da psicologia. Com efeito, a educação é algo eminentemente social. É social por sua finalidade. Longe de ter por objetivo realizar a natureza individual do homem em geral, ela varia de uma sociedade para outra. Primeiramente, a partir do momento em que as sociedades atingiram certo grau de diferenciação, vemos também ela se diferenciar conforme as classes e as profissões. Ora, essa especialização é ditada por necessidades sociais, pois corresponde ao modo como o trabalho social é dividido e

---

* Extraído de *Année sociologique*, 7.
1. É. Durkheim, "Pédagogie et sociologie", *Revue de métaphysique et de morale*, janeiro de 1903. P. Barth, "Die Geschichte der Erziehung in soziologischer Beleuchtung", *Vierteljahrschift für wissenschaftliche Philosophie und Soziologie*, 1903.

organizado em cada momento da história. É verdade que todas essas educações especiais só divergem a partir de certo ponto, aquém do qual elas se confundem. Mas mesmo essa educação comum é função do estado social, pois cada sociedade procura realizar em seus membros, pela via da educação, um ideal que lhe é próprio. Nem mesmo as sociedades europeias mais avançadas escapam a essa lei. De fato, dizemos que queremos fazer de nossos filhos homens e não apenas cidadãos, no sentido estrito do termo. Mas só uma cultura verdadeiramente humana pode dar aos povos europeus os cidadãos de que necessitam. Em sociedades tão vastas como as nossas, os indivíduos são tão diferentes uns dos outros que já não há, por assim dizer, nada de comum entre eles, exceto sua qualidade de homem em geral. Deve-se ainda acrescentar que cada nação tem do homem uma concepção que lhe é, em parte, pessoal, porque reflete suas necessidades, sua mentalidade específica, seu passado histórico etc.

Em suma, longe de ter simplesmente por finalidade desenvolver o homem tal como ele sai das mãos da natureza, a educação tem por objetivo agregar a ele um homem totalmente novo; ela cria nele um ser que não estava lá, salvo em estado de germe indistinto: é o ser social. Ela é que nos ensina a nos dominarmos, a nos contermos; também é ela que, segundo suas necessidades, decide sobre a quantidade e sobre a natureza dos conhecimentos que a criança deve receber, assim como é por intermédio dela que se conserva a ciência adquirida pelas gerações anteriores, é ela também que a transmite às novas gerações. Portanto, é ela que faz em nós tudo o que extrapola a esfera das puras sensações; nossa vontade, assim como nosso entendimento, são moldados à sua imagem.

Mas a ação social se faz sentir até nos meios empregados para alcançar tal fim. Esses meios sem dúvida variam conforme a noção que tivermos da consciência das crianças e, por conseguinte, conforme os dados da psicologia, sobretudo da psicologia infantil. No entanto, para começar, se os fins perseguidos pela educação são sociais, os meios devem necessariamente ter o mesmo caráter. E, de fato, as instituições pedagógicas são geralmente uma forma abreviada de verdadeiras instituições sociais: por exemplo, a disciplina escolar tem as mesmas características essenciais da disciplina da cidade. Além disso, a natureza da finalidade predetermina a dos métodos. Certos procedimentos são proscritos ou buscados porque estão ou não estão de acordo com a concepção que a sociedade tem do ideal a realizar. O que suscitou o método Pestalozzi, por exemplo, foi bem mais o sentimento que seu autor tinha das aspirações morais de seu tempo do que sua ciência psicológica.

Essas mesmas ideias estão na base do trabalho de Barth. O autor se propõe demonstrar historicamente que, de fato, a educação variou em sua forma e em seu conteúdo conforme as sociedades.

Os principais resultados a que ele chega são os seguintes. Inicialmente, não encontra nenhum vínculo entre a organização familiar e a natureza da educação; e, de fato, acreditamos que esta depende muito mais diretamente da organização geral da sociedade. Um fator importante seria a natureza da indústria. Nos povos que caçam e pescam, haveria ausência geral de qualquer disciplina educativa. A criança fica entregue a si mesma, sem que lhe imponham conter-se e resistir a si própria. O motivo disso é que as ocupações desses povos são irregulares, caprichosas; consequentemente, não sentem a necessidade de submeter as crianças a uma regra bem severa. A regularidade é bem maior nos pastores e agricultores: além disso, essas sociedades tendem a ser mais guerreiras. Atacam e são atacadas porque o solo tem para elas um valor que não tinha antes. Logo, a educação treina a criança para resistir a suas paixões, exercita-a para a coragem, para a abnegação e a subordinação. Esse reforço da disciplina se acentua ainda entre os agricultores superiores, como eram os primeiros gregos ou os germanos de Tácito. Com a complicação da cultura e da arte da guerra, as técnicas militares e agrícolas, que eram ensinadas às crianças, complicaram-se na mesma medida; ao mesmo tempo, foi exigida uma maior severidade nos costumes domésticos. Enfim, ali onde a sociedade se organiza em classes, também a educação se torna uma função especializada. Por outro lado, ela se diversifica conforme os meios, variando de uma classe para outra, e ela se complica em razão da maior complexidade da vida social.

Uma revisão tão rápida de uma multidão de povos diversos naturalmente não permitiu ao autor empregar documentos de primeira mão, e, pela mesma razão, as conclusões a que ele chega ainda são bem gerais. Mas essa tentativa de vincular diretamente a educação às condições sociais de que ela depende merece ser destacada.

ÍNDICE DE AUTORES

Bachofen, J.-J., 84
Barth, P., 139-43
Berhoeft, F., 85
Bossuet, J.-B., 42, 50
Bücher, K., 82, 94

Cabet, E., 100
Comte, A., 41, 45, 51, 57, 76, 80, 100-1

Fauconnet, P., 39-97
   (colaborador de
   Durkheim), 134-8
   (colaborador de
   Durkheim).
Fustel de Coulanges, N.-D., 79, 107
Frazer, Sir J.G., 85

Giddings, F.H., 59-65
Gide, Ch., 129-30
Glotz, G., 124-7
Gumplowicz, L., 55

Hartland, E.S., 85
Humboldt, A. von, 83

Kant, E., 46
Klemm, G. F., 83
Kohler, J., 85

Lavoisier, A.-L. de, 100
Lazarus, M.-J., 87
Le Play, F., 100
Leroux, P., 100
Leroy-Beaulieu, P., 108-9
Lévy-Bruhl, L., 41
Limousin, Ch.-Th., 99-100
List, F., 80-2

Mac Lennan, J. F., 84
Maine, S., 79
Maurer, G.K., 79
Mazzarella, G., 134-8
Montesquieu, C.-L. de, 42, 46
Mill, J. St., 53-6

Morgan, Lh., 84-5

Post, A.-H., 31, 85, 94
Prichard J.-C., 83

Quételet, A., 89

Ratzel, F., 32, 91
Richard, G., 109-24
Roscher, W., 82

Saint-Simon, C.-H., 100
Schmoller, G., 82, 94-5
Simmel, G., 3-6, 10, 16, 29, 65, 69-70, 73

Smith, R., 85
Spencer, H., 46, 51, 76
Steinmetz, S.R., 85, 131-3
Steinthal, H., 87

Tarde, G., 51, 65
Tylor, Sir F.-B., 85

Villey, M. E., 104-6

Waitz, G.T., 84
Ward, L., 65
Wilda, 79
Wilken, G.A., 85
Wundt, W., 88

ÍNDICE DE TEMAS, CONCEITOS, LUGARES GEOGRÁFICOS, ETNIAS E INSTITUIÇÕES*

ação, – social, 16 ss.
adaptação, problema da – social, 51
agrupamento, modo de –, 67
Alemanha, ciências sociais na –, 2 ss., 65 ss., 79-89, 92 ss.
Altruísmo, – no direito, 117
animais, sociedades dos –, 37
antropologia, – jurídica, 93; – e sociologia, 83; – religiosa, 137
arbitragem, – em direito, 113, 121
aristocracia, 72
associação, a sociologia como ciência da –, 4, 60, 66 ss.; – das consciências individuais, 19-20

autonomia das disciplinas sociais, 34

ciência política, 55
ciências sociais especiais, 29, 39-97 *passim*
clã, 137
classe, – social e educação, 142-3
comparação, – como método sociológico, 6, 46-8, 63, 79
composição, – em direito, 119
consciência, – individual e social, 18, 31
crime, 126-7; concepção sociológica do –, 88, 117-8
criminalidade (ver crime)

---

* As passagens a que esse índice remete podem tratar do tema sem conter propriamente a palavra nele evocada.

delito, noção do direito e –, 116, 120-1
democracia, 123
demografia, 3, 29-30
demologia, 90
desenvolvimento social (ver evolução)
Deus, – como expressão da autoridade coletiva, 22
dever, problema sociológico e moral do –, 112
diferenciação social, tendência à –, 73, 139
dinheiro (ver moeda)
direito (o), 46; – como expressão da autoridade social, 22-3; – e religião, 22-3; – como disciplina social, 24-6, 136-8; origem social da ideia de –, 110-24; – e opinião 105; filosofia e sociologia do –, 110 ss.
disciplina social, direito e moral como –, 24
divisão do trabalho, – na sociologia 50; – social ,5, 67
dualismo (metafísico), 42

Economia, – política, 3, 6, 29-31, 45, 52, 55, 61, 79; – nacional, 80 ss.; – política e sociologia, 98-109
educação, aprendizagem das exigências sociais e –, 27; 139-43; – de classe, 142-3.
ensino, – da sociologia, 128; – do direito e sociologia, 127

Escola de Direito Comparado, 85
Escola Histórica, 82
Escola Italiana de Criminologia, 117
especificidade do social, problema da –, 25 ss., 28
Estado, situação geográfica dos –s, 14
estática e dinâmica sociais, 50
estatística, 3, – moral, 88
estratigráfica, análise –, 136
estrutura social, 15
etnografia, – como disciplina auxiliar da sociologia, 83, 131, 133; – comparada, 62, 83 ss.; – jurídica, 85, 135-8
etnologia (ver etnografia)
evolução, problema da – social, 36, 58; fatores dominantes da –, 58
explicação, – em sociologia, 47

família, problema sociológico da –, 50, 84 ss., 210, 124 ss., 137
fator dominante, – na vida social, 58
filosofia, – e sociologia, 41 ss.; – positiva, 41 ss.; – do direito, 110 ss.; – da história, 50; – como fator determinante da evolução social, 58
fisiologia, fisiológico, – social, 12, 18, 36; fenômenos –s, 16; – como psicologia, 28

folclore, 85
formas, – sociais, 7 ss., 15-6; – elementares da vida social, 61-2
fronteiras, as – na definição de substrato social, 13-4
função social; fenômenos funcionais e estruturais, 15-7

garantia, – em direito, 114, 121
gentes, 137
geografia, geográfico(a), 30, 90; situação – como determinante do estado social 12-4
germanos, 79, 132, 142.
gramática comparada, 85
Grécia, 79, 124-7, 142
grupos, 13

heresia, 126
hierarquias sociais, 67
história, – das culturas, 3, 30, 83; – das religiões, 29, 31; – do direito, 31. – como disciplina auxiliar da sociologia, 133; – e etnografia, 132

ideologia, – e sociologia, 47
imitação, hipótese da – como base da vida social, 51
imperativo, – religioso como – social, 22
Índia, 79

individuação, – dos fenômenos sociais, 26
indivíduo, problema do – e da sociedade, 18
instituições sociais, – domésticas, 31
intelectualismo, 47

jurisprudência, – etnológica, 85-6

Kathedersozialismus (ver socialistas da cátedra).
Kuturgeschichte, 83, 92

lei, –s sociológicas, 41 ss., 49; – dos três estados, 41, 49; problema da universalidade das –s econômicas, 108-9.

materialismo econômico, 102
método sociológico, 133 ss. – genético, 62; – comparativo, 62, 83 ss.; – dedutivo 55
metodologia (ver método)
migrações, – externas, 14
mitologia, – comparada, 85
monarquia, 126
moral, 46; a – como expressão da autoridade social, 20-3; – e religião, 20-3; – como disciplina social, 24-6
morfologia social, 12, 15, 36, 70, 92

nação, – como tipo social, 80
natalidade, 88
natureza humana, – e fatos sociais, 28, 138
nomenclaturas, – de parentesco, 84; – de grupos, 137
nupcialidade, 88

objetividade, – no método sociológico, 90
obrigação, – como marca do fato social, 22
organismo, – e sociedade, 48
organização política, 72

pedagogia, – e sociologia, 139-43
peles-vermelhas, 84
pena, a – no direito, 118
população, 62-3 (Ver também demografia, natalidade, mortalidade, migrações.)
prenoções, o problema metodológico das –, 137 ss.
primitivos, sociedades primitivas, 132 ss.
processos sociais, 66 ss.
progresso, como fato social, 49
psicologia, – e sociologia, 17, 23, 28

raça, problema sociológico da –, 51
relações, – entre classes de fatos, 31, 92
religião, 29; – e direito, 22-3; – e moral, 22-3; – como fator determinante da vida social, 57-8; ciência comparada das –, 85
reparação no direito, 118
responsabilidade, – como problema sociológico, 124
Roma, romanos, 107, 129

sanção, – como marca da coerção social, 20, 26
sobrevivência, 85
social, conteúdo e continente na vida –, 4 ss.; substrato do –, 11 ss., 16, 33, 91; – como exterior ao indivíduo, 20; o – como coerção, 20; propriedades do –, 19 ss.
socialismo, – e sociologia, 100
socialistas da cátedra, 81
sociocracia, 100
sociologia, – geral, 53 ss.; –abstrata, 4, 66 ss.; – formal 3 ss.; o campo da –, 1-36 *passim*. – e ciências sociais, 32 ss., 39-97 *passim*, 98 *passim*; – e psicologia, 17-28; – como psicologia especial, 87; – como disciplina relacional, 31, 57-8, 92; – e ciências da natureza, 33; – como ciência de síntese, 36, 39, 61
solidariedade social, – e crime, 119, 121, 123 ss.

tipo social, 62, 95

unidade, princípio da – do
　　reino social, 96
utilitarismo, 110

valor, – e opinião, 101 ss.

Völkerkunde, 86-92
Völkerpsychologie, 87-92
Volkskunde (ver *Völkerkunde*)
Volkswitschaft, 81

GRÁFICA PAYM
Tel. [11] 4392-3344
paym@graficapaym.com.br